Das Kursbuch Musik 1

Schülerarbeitsheft 1 A mit Lösungen

für den Unterricht an allgemeinbildenden Schulen

von Markus Detterbeck
und Gero Schmidt-Oberländer

unter Mitarbeit von Anna-Maria Klingmann

HELBLING

Innsbruck · Esslingen · Bern-Belp

Impressum

Arbeitsheft zum Schülerband
MusiX. Das Kursbuch Musik 1
HI-S6560
ISBN 978-3-86227-060-6

Im Schülerarbeitsheft wird auf Audio-CDs und auf eine CD-ROM inkl. DVD verwiesen. Diese enthalten ausschließlich optionale Unterrichtsmaterialien; sie unterliegen nicht dem staatlichen Zulassungsverfahren.

Redaktion: Dr. Daniela Galle, Dr. Matthias Rinderle
Illustrationen: Fides Friedeberg (Bonn), Achim Schulte (Dortmund), Inkje Dagny von Wurmb (Stuttgart)
Notensatz: Susanne Höppner, Neukloster
Layout und Satz: Marcus Koopmann, Moers
Umschlag: Marinas Werbegrafik, Innsbruck
Druck und Bindung: Gmähle-Scheel Print-Medien GmbH

Quellenverzeichnis:
Bilder: Vorderseite (v. l. n. r.): © ullstein, © Kasseler Musiktage (Pete Checchia, www.petesart.com), © dpa Picture-Alliance, © getty-images; S. 11, Bild 1: © Berliner Philharmoniker, Bild 2: wikipedia, Bild 3: wikipedia © Junge Kantorei des Wurzener Doms (Johannes Dickert), Bild 4: wikipedia © Mark Kamin, Bild 5: © Kulturring Bad Honnef
Lieder: S. 33: © Schott Music GmbH & Co. KG, Mainz; S. 40: © Bärenreiter-Verlag, Kassel
Nicht in allen Fällen war es uns möglich, den Rechteinhaber ausfindig zu machen. Berechtigte Ansprüche werden selbstverständlich im Rahmen der üblichen Vereinbarungen abgegolten.

HI-S6833
ISBN 978-3-86227-084-2

1. Auflage A1^2 / 2012

Alle Drucke dieser Auflage können im Unterricht nebeneinander benutzt werden; sie sind untereinander unverändert.

© 2012 Helbling, Innsbruck • Esslingen • Bern-Belp
Alle Rechte vorbehalten

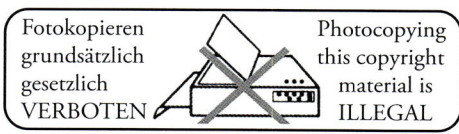

Dieses Werk ist in allen seinen Teilen urheberrechtlich geschützt. Jegliche Verwendung außerhalb der engen Grenzen des Urheberrechts bedarf der vorherigen schriftlichen Zustimmung des Verlages. Dies gilt insbesondere für Vervielfältigungen wie Fotokopie, Mikroverfilmung, Einspeicherung und Verarbeitung in elektronischen Medien sowie für Übersetzungen – auch bei einer entsprechenden Nutzung für Unterrichtszwecke.

Inhaltsverzeichnis

Kapitel 1: Begegnung mit Musik
Wir lernen uns kennen 4
Klänge des Alltags 6
Stop and go 7
Auf der Suche nach dem
goldenen Notenschlüssel 8
So klingt unsere Schule 9
Musiker spielen zusammen 10

Kapitel 2: Rund um die Stimme
Die Stimme – ein vielfältiges Instrument 12
Stimmklänge 13
Mit Stimme und Instrumenten 14

Kapitel 3: Meet the beat
Feel the beat: Puls in der Musik 16
Ein rhythmischer Muntermacher 17
Musik braucht Zeit 18
Rhythmusbaukasten 19
Musik im Takt 20
Auf los geht's los: der Auftakt 22
Musiklabor: Bunte Rhythmusspiele 23

Kapitel 4: Wolfgang Amadeus Superstar
Reisen muss sein! 24
Eine Sinfonie als Zeitvertreib 25
Die Geschichte einer Entführung 26
Mozarts Leben 29

Kapitel 5: Mit Musik erzählen
Musik ohne Worte 30
Der Klang der Bilder:
Bildergeschichten und Comics 32
Das Märchen vom gestohlenen Mond 33
Sechzehntelnoten 33

Kapitel 6: Haste Töne?
Melodien machen Laune 35
Melodiebaukasten 35
Musik erfinden und aufschreiben 36
Der Notenschlüssel 36
Töne in Ordnung: Tonleitern 38
Maßeinheiten für Tonabstände: Intervalle 39
Musiklabor: Intervallspiele 41
Haste keine Töne? – Brauchste Pausen! 42

Kapitel 7: Musikinstrumente I
Klangerzeugung 44
Klangskulpturen bauen 45
Besuch vom Planeten Kisum 46
Die Familie der Streichinstrumente 47
Chefin im Orchester: die Violine 48
Ein Instrument für Tastentiger: das Klavier ... 49

Kapitel 8: Mit drei Klängen durch die Welt
Alles Harmonie? 51
Perfekte Harmonie: Dreiklänge 52
Musiklabor: Dreiklänge 53
Dreiklangsbaukasten 55

Kapitel 9: Musik in Form I
Gestaltungsprinzipien:
Wiederholung – Veränderung – Kontrast 56
Bausteine für Melodien: das Motiv 57
Beethoven: vom Motiv zur Sinfonie 58
Baupläne: Satz und Liedformen 59
Ganz vornehm: das Menuett 60

Anhang
Musiklehre kurz gefasst 62
Stichwortverzeichnis 64

Begegnung mit Musik

[Kapitel 1: Begegnung mit Musik]

Wir lernen uns kennen

(→ SB, S. 8)

Aufgabe 1

Erstelle deinen eigenen musikalischen Steckbrief. Beim letzten Punkt kannst du frei formulieren, welche Rolle Musik in deinem Leben spielt (z. B. in deiner Familie, in deiner Freizeit oder sogar bei deinem Berufswunsch).

Mein musikalischer Steckbrief

Hier kannst du ein Bild von dir einkleben.

Name: _____

❖ Meine Lieblingsmusik:

❖ An diesen Orten/bei diesen Gelegenheiten höre ich Musik:

❖ So lange höre ich täglich Musik:

❖ Ich spiele folgende/s Instrument/e:

❖ Dieses Instrument würde ich gerne spielen:

❖ Ich singe ...

☐ im Chor (wenn ja, in welchem?)

☐ nur unter der Dusche

☐ manchmal auch:

❖ So oft gehe ich ins Konzert:

☐ nie

☐ Ich habe schon ein Konzert besucht. Dort wurde folgende Musik gespielt:

❖ Musik ist für mich wichtig, weil:

Kapitel 1 2 3 4 5 6 7 8 9

Aufgabe 2
Entwirf eine kleine Collage, um deine musikalische Welt abzubilden. Klebe dazu Konzert-Eintrittskarten, Bilder deiner Lieblingsmusiker etc. ein. Du kannst dein Kunstwerk auch durch eigene Zeichnungen ergänzen.

Meine musikalische Welt

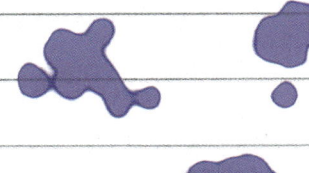

Begegnung mit Musik

Aufgabe 3 (→ SB, S. 9, A 4)

Erstelle einen musikalischen Steckbrief deines Partners. Führe dazu ein kurzes Interview und notiere die Antworten in den leeren Sprechblasen. Überlege dir deine letzten Fragen eigenständig.

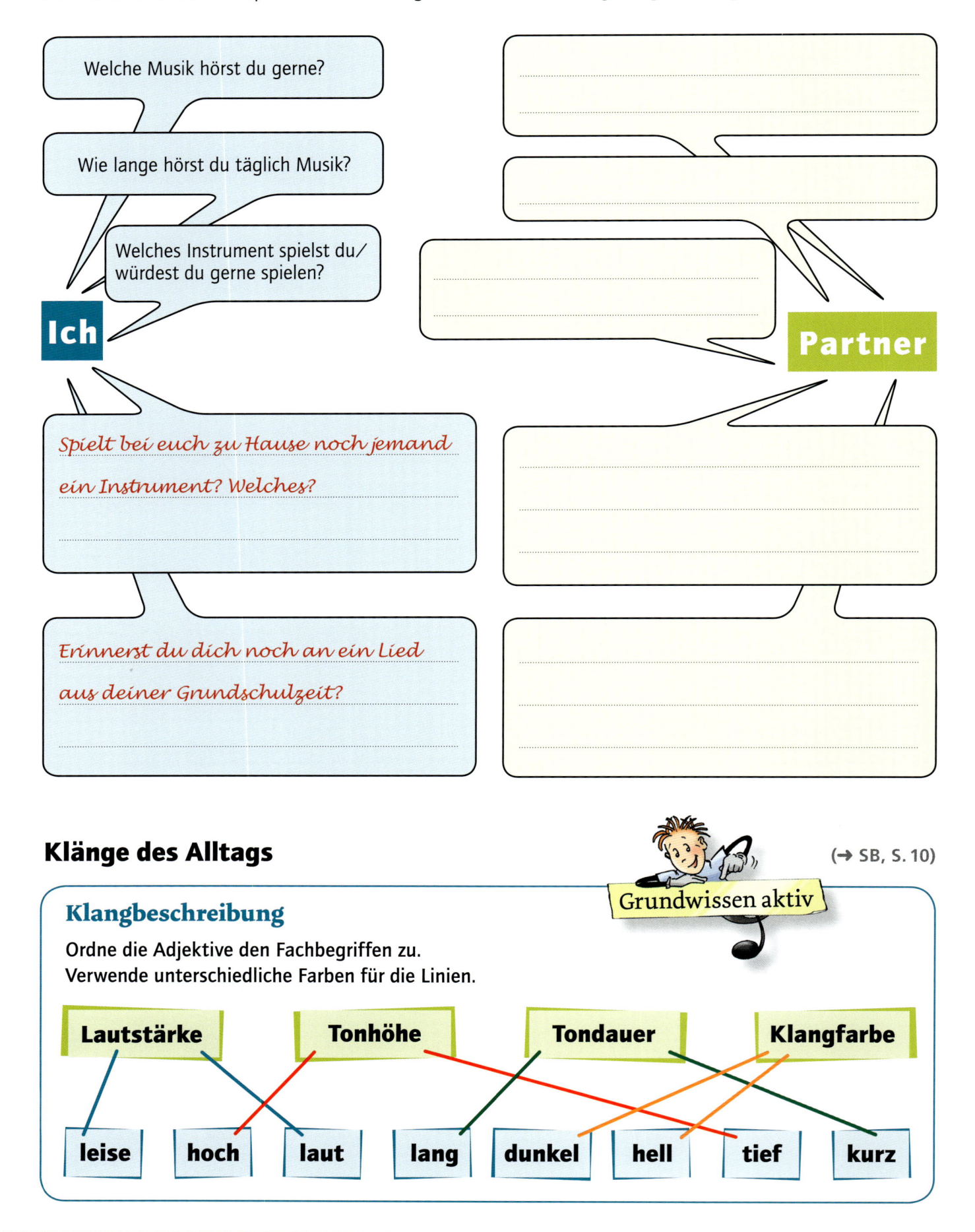

Ich

- Welche Musik hörst du gerne?
- Wie lange hörst du täglich Musik?
- Welches Instrument spielst du / würdest du gerne spielen?
- *Spielt bei euch zu Hause noch jemand ein Instrument? Welches?*
- *Erinnerst du dich noch an ein Lied aus deiner Grundschulzeit?*

Partner

Klänge des Alltags (→ SB, S. 10)

Grundwissen aktiv

Klangbeschreibung

Ordne die Adjektive den Fachbegriffen zu.
Verwende unterschiedliche Farben für die Linien.

| Lautstärke | Tonhöhe | Tondauer | Klangfarbe |

leise · hoch · laut · lang · dunkel · hell · tief · kurz

Aufgabe 4
(→ SB, S. 10, A 1c)

Klangrätsel: Bildet vier Gruppen. Jede Gruppe erfindet auf einem beliebigen (Alltags-)Instrument ein Klangbeispiel, das eines oder mehrere der folgenden Merkmale verdeutlicht (z. B. einen tiefen, kurzen Klang):

laut – leise, tief – hoch, kurz – lang, hell – dunkel

Spielt euer Klangrätsel nun nacheinander den anderen Gruppen vor. Diese notieren die Eigenschaften.

Klangrätsel 1: *Stellen Sie am besten Regeln auf, wie lange die Rätsel maximal klingen*

Klangrätsel 2: *dürfen und ob nur einer oder mehrere Schüler gleichzeitig spielen dürfen.*

Klangrätsel 3: _____

Klangrätsel 4: _____

Stop and go
(→ SB, S. 11)

Aufgabe 5
(→ SB, S. 11, A 5a)

Erfinde beim Spielen deines Alltagsinstruments neue Stop-and-go-Rhythmen und schreibe sie auf.
Male dazu die weißen Kreise entsprechend aus: grün = Klang, rot = Pause.

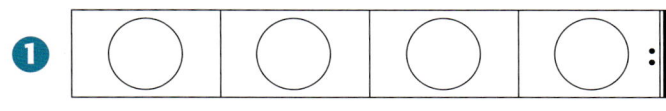
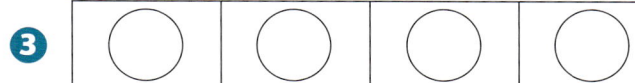
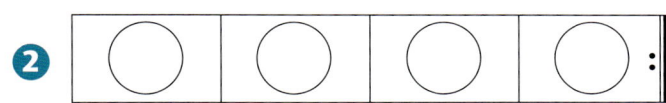

Aufgabe 6

Suche dir einen Partner. Bringt euch eure Rhythmen aus Aufgabe 5 gegenseitig bei.

[**Tipp**] Achtet darauf, dass der Grundbeat immer gleichmäßig durchläuft.

Welche Methode erscheint dir erfolgreicher? Kreuze an. Überlege, was das jeweils für das musikalische Lernen bedeutet.

☐ mithilfe der Notationen   ☐ durch Vorspielen – Nachspielen

Aufgabe 7

Hörrätsel: Einer von euch spielt einen seiner erfundenen Stop-and-go-Rhythmen der Klasse vor.
Die anderen notieren das Ergebnis. Malt dazu die weißen Kreise entsprechend aus.

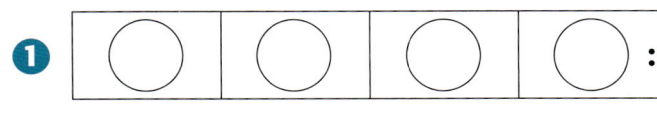
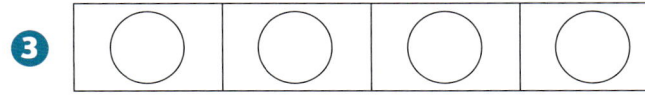
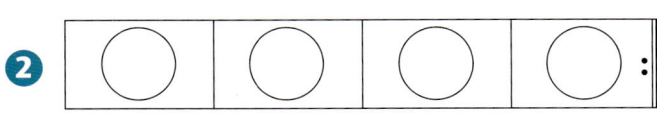
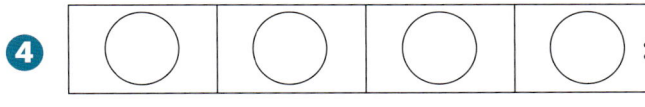

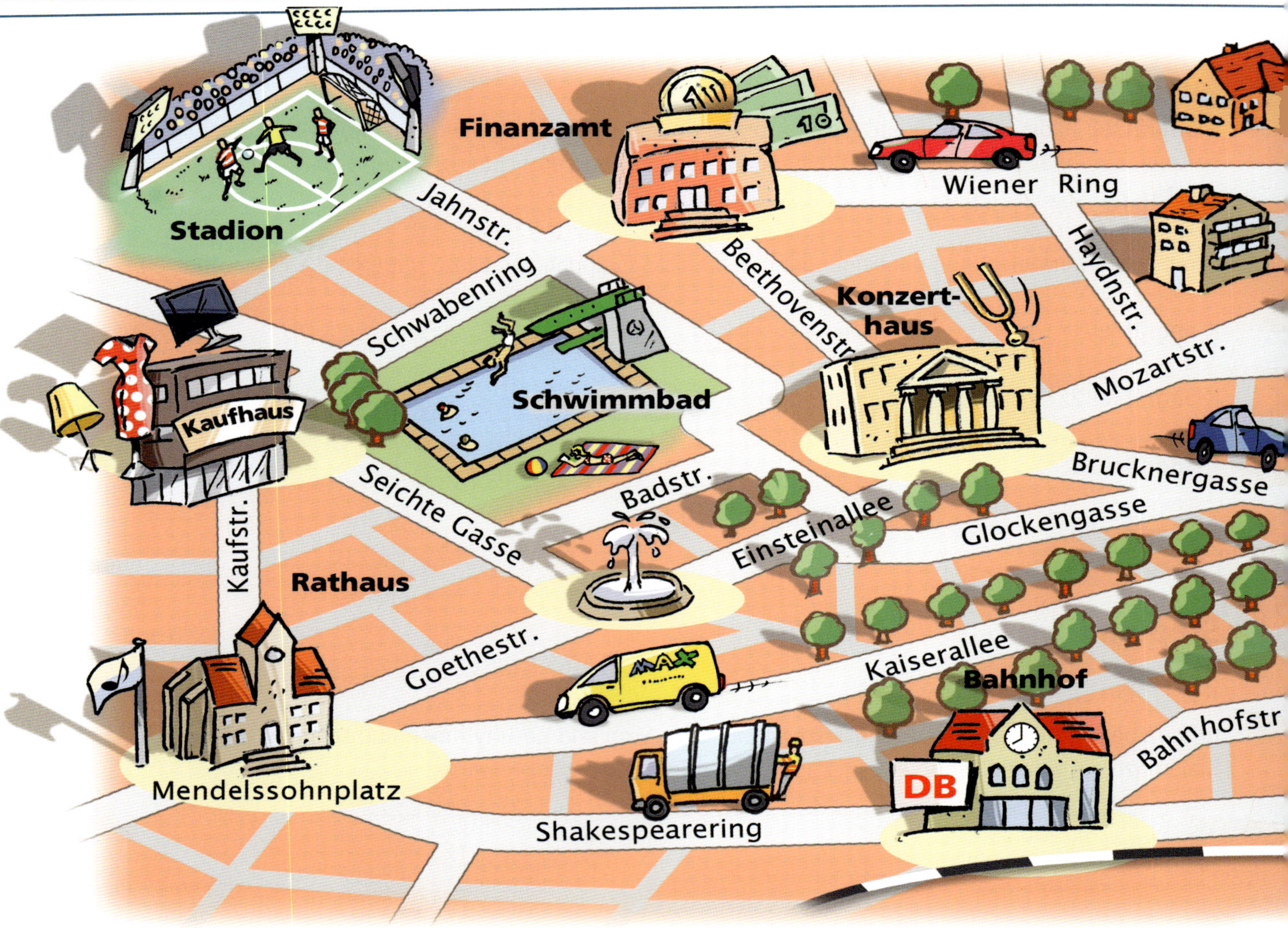

Auf der Suche nach dem goldenen Notenschlüssel

(→ SB, S. 12)

Aufgabe 8 (A 10, 11)

(→ SB, S. 12/13, A 1/2)

a) Höre dir die Hörgeschichte an und markiere im Stadtplan farbig den Weg von Musikschnüffelhund Presto.

b) Höre noch einmal alle Klangstationen, die Presto auf seinem Weg durch die Stadt kennengelernt hat. Wenn du die markierten Buchstaben der Reihe nach aufschreibst, kennst du die Adresse des Diebes. Die Stunde, die die Bahnhofsuhr anzeigt, verrät dir die Hausnummer.

Klangstationen:

- K**a**ufhausmusik
- Stra**ß**enmusiker
- Orches**t**ermusik im Konzerthaus
- Hochzei**t**smarsch im Standesamt
- Geigenunterricht in der **M**usikschule
- **O**pernarie im Opernhaus
- O**r**gelmusik in der Kirche
- Bl**a**skapelle im Park
- **R**ockband bei einem Open-Air-Konzert
- Ja**z**z-Trio in einer Kneipe
- Li**e**d in der Schule
- Chormu**s**ik

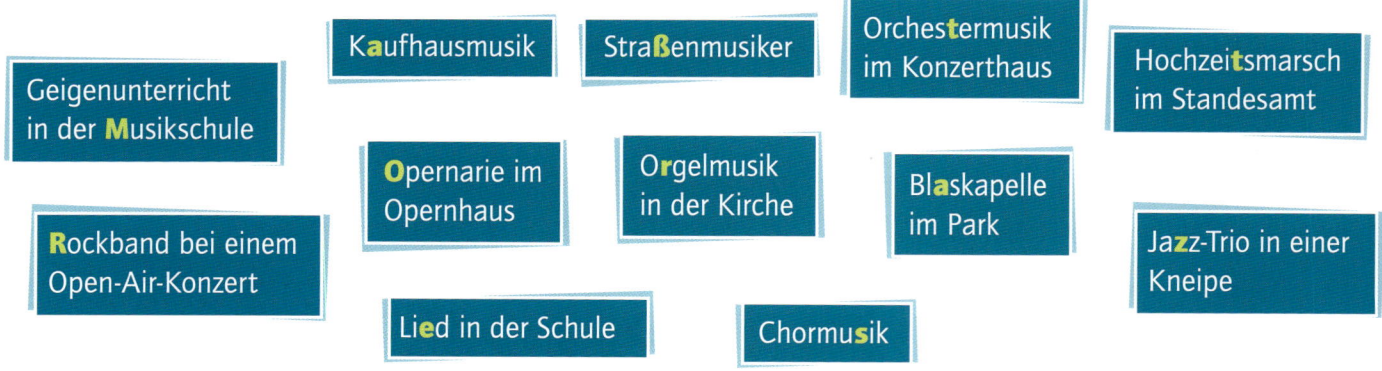

Lösungswort:

M	o	z	a	r	t	s	t	r	a	ß	e		8

So klingt unsere Schule

Aufgabe 9 *Unser kleines Projekt*

Unternehmt in Kleingruppen einen Gang durch eure Schule, ohne anderen Unterricht zu stören. Dokumentiert fünf wichtige Klangstationen (Aufnahmegerät, Videokamera etc.). Lasst auf diese Weise eine musikalische Collage mit dem Titel „So klingt unsere Schule" entstehen, die ihr der Klasse präsentiert. Können eure Mitschüler erraten, wo die einzelnen Aufnahmen entstanden sind?

Klangstation	Ort	charakteristische Klänge/Geräusche
1	z. B. Schulflur	Stimmen, Schulglocke, Getrappel …
2	z. B. Musiksaal/Aula	Lieder, Instrumente, Lehrer-Klavierspiel …
3	z. B. Pausenhof/Turnhalle	Stimmen, Geschrei, Ballgeräusche …
4	z. B. Kopierraum	Maschinengeräusche, Locher, Hefter …
5	z. B. Sekretariat	Tastaturgeräusche, Telefon, Kasse …

Begegnung mit Musik

Musiker spielen zusammen

(→ SB, S. 14)

Ensembles in der Musik

Fülle den Lückentext mithilfe der Auswahlwörter aus.

Eine Gruppe, in der Musiker zusammen musizieren, nennt man *Ensemble*.
Man unterscheidet unterschiedliche Besetzungsgrößen: z. B. Trio (= 3 Musiker), Quartett (= 4 Musiker), Quintett (= 5 Musiker) usw. Es gibt reine Instrumentalensembles (z. B. *Jazz-Trio* oder *Streichquartett*), reine Vokalensembles, aber auch gemischte Besetzungen (z. B. *Band*). Eine große Gemeinschaft von Singenden, in der jede Stimme mehrfach besetzt ist, heißt *Chor*. Ein *Orchester* setzt sich dagegen aus vielen Instrumentalisten zusammen. Dabei unterscheidet man zwischen (großem) *Sinfonieorchester* und kleiner besetztem Kammerorchester. Eine große Jazz-Band, in der Blasinstrumente mehrfach besetzt sind, bezeichnet man als *Big Band*.

Auswahlwörter:
Band – Big Band – Chor – Ensemble – Jazz-Trio – Orchester – Sinfonieorchester – Streichquartett

Aufgabe 10

(→ SB, S. 14, A 1)

a) Welche Ensembles in deiner Stadt oder Region kennst du? Trage sowohl Namen und Art des Ensembles als auch die Besetzung (= beteiligte Instrumente und/oder Singstimmen) und die Art der Besetzung (vokal, instrumental oder gemischt) in die Tabelle ein.
b) Du kannst die Informationen auch mithilfe des Internets zusammenstellen.

[Tipp] Verwende dazu in einer Suchmaschine geeignete Suchbegriffe, z. B. den Namen deiner Stadt/Region + Kinderchor, oder recherchiere auf der Homepage deiner Stadt.

Name des Ensembles	Art des Ensembles	Besetzung	Art der Besetzung
z. B. Fantastic Five	Rockband	Gesang, Klavier, Gitarre, Bass, Schlagzeug	gemischt vokal und instrumental

Kapitel 1 2 3 4 5 6 7 8 9

Aufgabe 11

Betrachte die fünf Bilder der Ensembles. Bestimme jeweils deren Besetzung. (Verwende dazu die Auswahlwörter.)
Ordne ihnen dann mit Pfeilen die jeweils richtige Bezeichnung zu.

Auswahlwörter: 2 Bratschen – 2 Violoncelli – 4 Posaunen – ~~4 Violinen~~ – E-Bass – E-Gitarre – Rhythmusgruppe – Schlagzeug – Sologesang – viele Sänger (Frauen-/Männerstimmen) – verschiedene Blasinstrumente

Bild	Besetzung				Bezeichnung
1	4 Violinen	2 Bratschen	2 Violoncelli		Posaunenquartett
					Kammerorchester
2	Sologesang	E-Gitarre	E-Bass	Schlagzeug	Big Band
					Pop-Band
3	viele Sänger (Frauen-/Männerstimmen)				Jazz-Trio
					Streichoktett
4	verschiedene Blasinstrumente		Rhythmusgruppe		Streichquartett
					Sinfonieorchester
5	4 Posaunen				Chor

[Das habe ich in diesem Kapitel gelernt]

	Klar kann ich das!	Das gelingt mir meistens.	Das fällt mir noch schwer.
✚ wie man einen musikalischen Steckbrief erstellt	✔		
✚ wie man Klänge genauer beschreiben kann			
✚ wie man mit Alltagsinstrumenten eigene Rhythmen ausführt			
✚ verschiedene Ensembles zu benennen			

Rund um die Stimme

Die Stimme – ein vielfältiges Instrument   (→ SB, S. 18)

Aufgabe 1   (→ SB, S. 18, A 1/2)

a) Ertaste mit den Fingerspitzen deinen Kehlkopf. Singe dann auf einer angenehmen Tonhöhe das englische Wort „you". Wechsle nun rasch zwischen hohem und tiefem Ton. Beschreibe in Stichpunkten, was du dabei beobachten kannst.

Kehlkopf vibriert; bei wechselnder Tonhöhe bewegt sich der Kehlkopf: bei tiefem Ton nach unten, bei hohem Ton nach oben …

b) Lege beide Hände flach auf die Schädeldecke (später auf die Brust) und summe ein „m". Lasse die Stimme wie eine Sirene nach oben und unten gleiten. Wann sind die Schwingungen stärker? Schreibe die Ergebnisse deiner Experimente stichwortartig auf.

Schädeldecke: *Bei hohem Ton Vibrationen deutlicher spürbar als bei tiefem Ton.*

Brust: *Bei tiefem Ton Vibrationen deutlicher spürbar als bei hohem Ton.*

c) Forme mit deinen Händen eine Klangschale. Sprich oder singe das Wort „heja". Gleite langsam von einem Vokal zum nächsten. Bewege die Klangschale etwa 10 cm vor dem Gesicht hin und her. Beschreibe in Stichpunkten, was du hörst.

Die Klangfarbe ändert sich beim Singen/Sprechen: beim „j" klingt der Ton sehr hell, beim „a" dumpfer; der Klang erinnert an ein Didgeridoo.

Aufgabe 2

a) Fülle den Lückentext aus. Achtung: Nicht alle Auswahlwörter kannst du sinnvoll einsetzen.

Unsere Stimme: Ein Ton entsteht

Unsere *Stimme* ist ein vielseitiges Instrument. Wir können leise sprechen, *singen*, brummen, flüstern oder schreien … Wenn wir unsere Stimme benutzen, ist der ganze Körper beteiligt.

Die nötige *Luft* liefert das *Atemorgan*: Mithilfe des Zwerchfells strömt Luft aus der *Lunge* durch die Luftröhre zum *Kehlkopf*.

Die *Stimmlippen* (im Inneren des Kehlkopfes) geraten in Schwingung und erzeugen einen Ton. Mit dem *Resonanzrohr* (Zunge, Rachen, Mund, Nasenhöhle) können wir den *Klang* des Tones verändern.

> **Auswahlwörter:**
> Akkorde – Atemorgan – Blasinstrument – Kehlkopf – Klang – Luft – Luftröhre – Lunge – rappen – Resonanzboden – Resonanzrohr – singen – Stimme – Stimmlippen – Töne

b) Die Grafik zeigt die am Vorgang des Singens beteiligten Körperteile. Beschrifte sie. Der Lückentext aus Aufgabe a) hilft dir dabei. Dort werden die einzelnen Körperteile beschrieben.

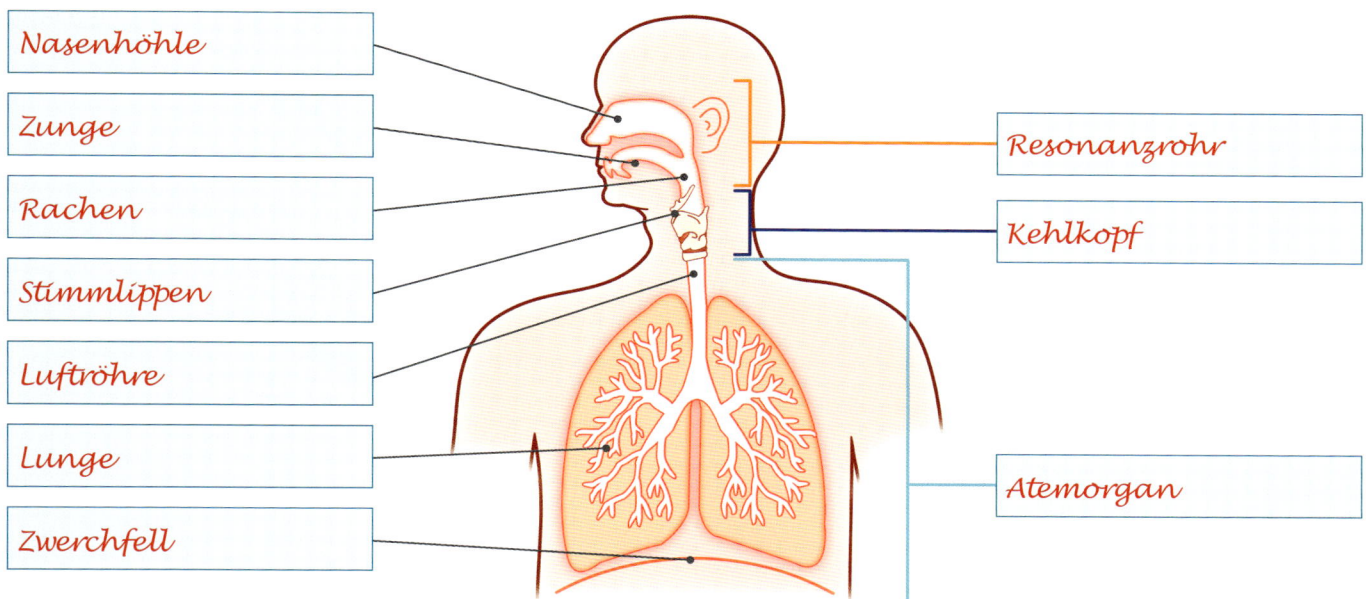

- Nasenhöhle
- Zunge
- Rachen
- Stimmlippen
- Luftröhre
- Lunge
- Zwerchfell
- Resonanzrohr
- Kehlkopf
- Atemorgan

Stimmklänge

(→ SB, S. 20)

Aufgabe 3

(→ SB, S. 20, A 3)

Höre dir die Aufnahme von „Wenn Wörter klingen" aufmerksam an und betrachte die Grafik im Schülerbuch auf S. 20.

a) Welchen Weg haben die Sänger gewählt? Kreuze an.

☐ linker Weg ☒ rechter Weg

b) Die Ausführenden haben sich für ihre Interpretation bestimmte Regeln vorgenommen. Kreuze im Kompositionsplan richtige Aussagen an.

Kompositionsplan von „Wenn Wörter klingen"

☐ laut beginnen und schnell leiser werden

☒ leise beginnen und langsam lauter werden

☐ Die Stimmaktionen von „Kichern", „Pfeifen" und „Aufschluchzen" führt ein Solist aus, ein Chor antwortet mit „Summen", „Blöken" und „Stöhnen".

☒ Die Stimmaktionen „Kichern", „Pfeifen" und „Aufschluchzen" bauen sich nacheinander auf.

☒ Vor dem „Blöken" bricht das Stück plötzlich ab.

☐ Das Stück läuft ohne Pause durch.

☒ Die Aktionen „Lachen", „Ächzen", „Schnauben", „Stöhnen", „Blöken" und „Brummen" werden zusammen ausgeführt.

☐ Am Schluss wird noch einmal laut gekichert.

Rund um die Stimme

Mit Stimme und Instrumenten   (→ SB, S. 22)

Aufgabe 4
Wirf einen Blick in den geöffneten Instrumentenschrank und benenne die Instrumente.

1. *Boomwhackers*
2. *Glocke*
3. *Handtrommel*
4. *Triangel*
5. *Maracas*
6. *Schüttel-Ei*
7. *Cabasa*
8. *Guiro*
9. *Xylofon*
10. *Metallofon*
11. *Holzblock*

Instrumente:
~~Boomwhackers~~ – Cabasa – Glocke – Guiro – Handtrommel – Holzblock – Maracas – Metallofon – Schüttel-Ei – Triangel – Xylofon

Kapitel 1 **2** 3 4 5 6 7 8 9

Aufgabe 5

(→ SB, S. 22, A 4b)

Bildet Gruppen und erkundet den Instrumentenschrank in eurem Musikraum.
a) Sucht euch ein Instrument aus und erforscht dessen Spielmöglichkeiten. Dokumentiert in der Tabelle die Ergebnisse eurer Experimente. Orientiert euch an dem eingetragenen Beispiel.
b) Tragt interessante Ergebnisse anderer Gruppen in die Tabelle ein.

Instrument	Material	Klangeigenschaften	Tonhöhe erkennbar?
Guiro	Holz	• ratschender, durchdringender Klang; kann schnell oder langsam erklingen • Klang wird beim hin- und herspielen heller bzw. dunkler	nein
z. B. Triangel	Stahl	• heller, durchdringender Klang	nein
z. B. Maracas	Holz, körnige Füllung	• heller, geräuschhafter Klang • mehr oder weniger durchdringend, je nach Füllung	nein
z. B. Xylofon	Holzstäbe	• trockener, heller Klang • kurz und perkussiv	ja
z. B. Metallofon	Metallplättchen	• heller, klarer Klang mit langem Nachhall	ja
z. B. Congas	gespanntes Fell, Holz	• je nach Schlagtechnik dumpfer bis heller oder sogar knallender Klang	ja
z. B. Cabasa	Holz (Handgriff), Metallperlenkette	• heller, geräuschhafter Klang	nein

[Das habe ich in diesem Kapitel gelernt]

	Klar kann ich das!	Das gelingt mir meistens.	Das fällt mir noch schwer.
✚ die Funktionsweise meiner Stimme zu erklären			
✚ wie man einen Ton mit der Stimme erzeugt			
✚ musikalische Parameter verschiedenen Stimmaktionen zuzuordnen			
✚ wichtige Instrumente im Klassenzimmer und deren Klangeigenschaften zu erkennen			

15

MusiX Schülerarbeitsheft 1 A – © Helbling

[Kapitel 3: Meet the beat]

Meet the beat

Feel the beat: Puls in der Musik

(→ SB, S. 30)

Aufgabe 1

(→ SB, S. 31, A 3/4)

Auf der Pulsato-Insel im Karhythmischen Meer sind Piratenschätze versteckt. Rhythmische Codes und eine Schatzkarte führen dich zu den Verstecken. Die einzelnen Signale geben an, in welche Richtung du auf der Karte unten um jeweils ein Kästchen weiterfahren musst. Am Beginn erklingen vier Schläge als Einzähler. Zwischen den Signalen hörst du einen Klang, während dem du ein Kästchen weiterziehst. Beginne im Quadrat B11 und ziehe die Routen mit verschiedenen Farbstiften nach.

	Signal	Bewegungsrichtung
Grundschlag	♩ du	Norden ↑
Zweierunterteilung	♫ du dei	Westen ←
Dreierunterteilung	♫♪ du da di (3)	Osten →

a) Die ersten drei Schätze findest du mithilfe von Schlaginstrumenten-Signalen. Drei weitere entdeckst du anhand von Xylofontönen und drei mit Rhythmussprache.

b) **Partnerarbeit:** Zeichne einen weiteren Schatz (z. B. eine Krone) in die Karte ein und erfinde für deinen Partner einen neuen Schatzweg. Übe dann leise den entsprechenden Morsecode (Rhythmussprache: du / du dei / du da di) und führe deinen Partner schließlich zum Ziel. Wechselt dann die Rollen.

Ein rhythmischer Muntermacher

(→ SB, S. 32)

Aufgabe 2

(→ SB, S. 32, A 6a)

Setze die Auswahlwörter richtig in die Textlücken ein. Ergänze dann die entsprechenden Klänge der Vocussion (= Schlagzeug mit der Stimme) für das jeweilige Instrument des Drumsets.

Auswahlwörter:	Klänge des Drumsets:
Fundament – laut – metallisch – Metallteppich – tiefen – zischend	dm – ka – ts

Snare-Drum

Die Snare klingt _laut_ und durchdringend. Der _Metallteppich_ auf der Unterseite liefert einen besonderen Klangeffekt (Schnarren).

Klang: _ka_

Bass-Drum

Die Bass-Drum ist das größte Instrument des Drumsets. Sie erzeugt einen kurzen _tiefen_ Klang. Sie liefert das _Fundament_ für den Rhythmus.

Klang: _dm_

Hi-Hat

Die Hi-Hat mit ihren zwei Metallbecken klingt _metallisch_ und _zischend_.

Mit einem Fußpedal kann es geöffnet oder geschlossen werden. So entstehen kurze/lange Töne oder auch Akzente.

Klang: _ts_

Aufgabe 3

(→ SB, S. 32, A 8)

a) Erfinde deine eigene Vocussion-Begleitung zum rhythmischen Muntermacher „Hallo Leute, aufgewacht!". Probiere dazu verschiedene Kombinationen von **dm**, **ka** und **ts** aus und schreibe die beste auf (1. Zeile unter dem Notenbeispiel).

Vocussion [Notenbeispiel 4/4]

b) **Partnerarbeit:** Macht euch gegenseitig eure Vocussion-Grooves vor und notiert sie jeweils in der 2. Zeile unter dem Notenbeispiel.

c) Erfinde einen eigenen Text für den Sprechteil A. Beginne mit „Hallo Leute, …".

Hallo Leute, hört mal her, Reimen ist doch gar nicht schwer:

Wörter aneinanderleimen, das bezeichnet man als Reimen.

Musik braucht Zeit

(→ SB, S. 33)

>   1   2   3   4
>
> *War einmal ein Bumerang;*
>
> *war nur leider etwas lang.*
>
> *Bumerang, der flog ein Stück,*
>
> *aber kam nicht mehr zurück.*
>
> *Publikum – noch stundenlang –*
>
> *wartete auf Bumerang.*
>
> (nach Joachim Ringelnatz, 1883–1934)

Aufgabe 4

a) Sprich das folgende Gedicht mit unterschiedlichem Ausdruck: lustig, ernst, geheimnisvoll …

b) Finde den Grundbeat und klopfe ihn auf den Oberschenkeln, während du sprichst. Welche Silben fallen mit dem Grundbeat zusammen?

c) Sprich nun die betonten Silben lauter und unterstreiche sie im weiteren Verlauf des Gedichts. Durch die betonten und unbetonten Silben entsteht eine Gruppierung der Grundschläge, die man Takt nennt.
Info: Die erste Zählzeit eines Takts wird am stärksten betont. Die betonte Zählzeit drei hat etwas weniger Gewicht.

Aufgabe 5

a) Übertrage nun deine beim Sprechen und Spielen gewonnenen Erfahrungen auf die Grafik unten. Male die schweren Schläge rot an und die leichten blau.

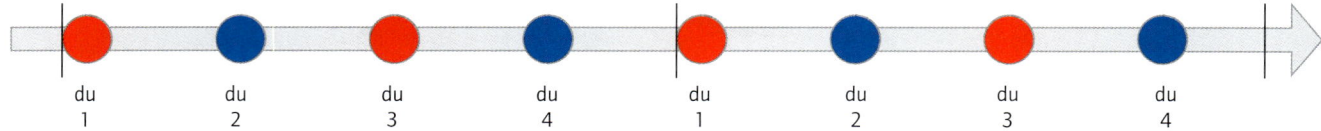

b) Markiere alle schweren und leichten Schläge farbig wie in Aufgabe a). Gehe dann im Grundschlag mit den Füßen am Platz (rechts – links) und sprich dazu den Rhythmus (du dei du usw.).

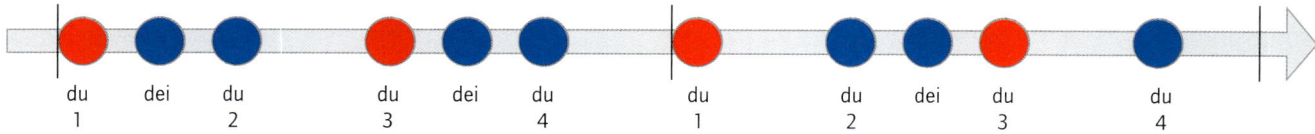

c) Folgender Morsecode ist gegeben: **du – du – du – du dei – du – du dei – du dei – du.** Ergänze im Strahl unten die Beschriftung und die Kreise für die „deis". Male dann wieder die schweren und leichten Schläge an. Klatsche schließlich den Rhythmus, während du den Grundschlag mit den Füßen ausführst.

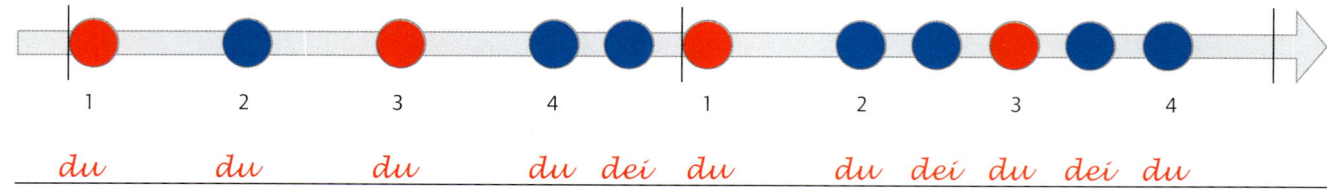

Rhythmusbaukasten

(→ SB, S. 34)

Notenwerte 1

Ergänze die fehlenden Notenwerte rechts im Schaubild und fülle den Lückentext mit den richtigen Auswahlwörtern.

Mithilfe von Notenwerten können wir _Rhythmen_ notieren. Die Abbildung rechts zeigt das Verhältnis der _Notenwerte_ untereinander. Die _ganze Note_ steht ganz _oben_. Sie dauert vier Mal so lange wie eine Viertelnote. Die halbe Note dauert _doppelt_ so lange wie eine Viertel- und vier Mal so lange wie eine _Achtelnote_. Es passen _acht_ Achtel in eine Ganze.

Man kann Achtelnoten mit Fähnchen oder mit _Balken_ darstellen.

Auswahlwörter:
acht – Achtelnote – Balken – doppelt – ganze Note – Notenwerte – oben – Rhythmen

Aufgabe 6

Teile die angegebenen Notenwerte in **verschiedene** kleinere Notenwerte auf.

[Tipp] Benutze zur Notenschrift immer einen Bleistift! Schreibe Noten immer sehr sorgfältig.

Aufgabe 7

(→ SB, S. 34, A 1)

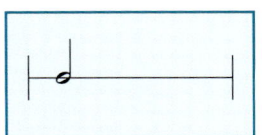    

a) Schreibe die oben abgebildeten Rhythmusbausteine jeweils zweimal auf ein Blatt Papier und schneide sie aus. Erfinde eigene Rhythmen, indem du immer zwei verschiedene Bausteine miteinander kombinierst. Sprich die entstandenen Rhythmen zunächst auf Rhythmussilben (**du / du dei**) und spiele sie dann mit Körperklängen oder mit einem Instrument.

b) **Partnerarbeit:** Jeder Mitspieler hat die gleiche Anzahl verschiedener Rhythmusbausteine. Der Jüngere von euch beginnt und führt dem anderen zwei kombinierte Rhythmusbausteine vor (mit Körperklängen, Instrument oder Stimme). Gelingt es dem Partner, die passenden Kärtchen zu legen, bekommt er die beiden Kärtchen vom Partner. Tauscht nun die Rollen. Wer als Erstes alle Kärtchen vom Partner erspielt hat, gewinnt.

Meet the beat

Musik im Takt (→ SB, S. 35)

Takt und Taktart

Der Grundschlag (Grundbeat) ist in der Regel als Puls der Musik deutlich wahrnehmbar. Wenn nun durch Betonungen schwere und leichte Schläge entstehen, die regelmäßig aufeinanderfolgen, nennt man dies **Takt.** Der erste Schlag im Takt ist immer der schwerste.
Regel: Die obere Zahl (Zähler) steht für die Anzahl der Grundschläge (beim 4/4-Takt: vier), die untere Zahl (Nenner) für den Notenwert des Grundschlags (beim 4/4-Takt: Viertelnote).

Ziehe mit unterschiedlichen Farben Verbindungslinien zwischen Taktarten und zugehörigen Notenbeispielen.

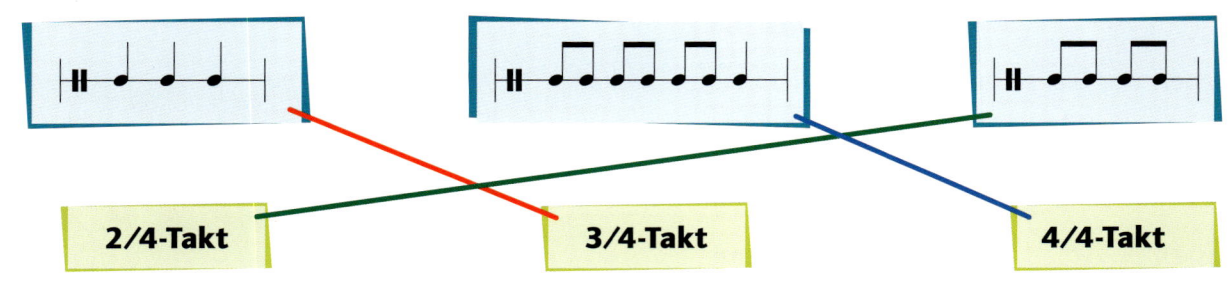

Aufgabe 8

a) Sprich zunächst die folgenden drei Rhythmen mit Rhythmussilben. Setze dann an den richtigen Stellen die Taktstriche. Klatsche zuletzt die Rhythmen noch einmal. Fällt das nun mit Taktstrichen leichter? Begründe deine Aussage.

b) Finde heraus, welche Taktart vorliegt. Trage sie am Anfang der Notenzeile ein und ergänze die Taktstriche.

Aufgabe 9

Bilde aus dem Noten-Baukasten **vier** 3/4-Takte und schreibe sie in die leere Notenzeile unten. Jede Note darf nur **einmal** verwendet werden. Klatsche zum Abschluss deinem Banknachbarn deinen Rhythmus vor.

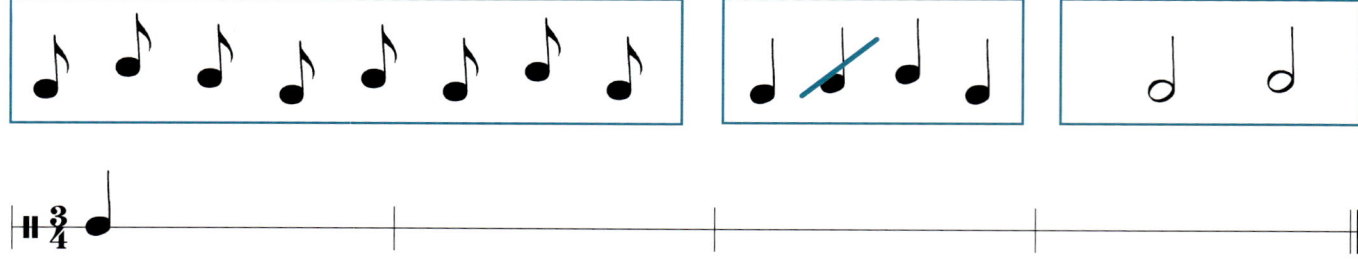

Aufgabe 10 (→ SB, S. 35, A 3b)

Höre vier Klangbeispiele. Notiere die jeweilige Taktart.

Klangbeispiel 1: *3/4-Takt*   Klangbeispiel 3: *4/4-Takt*

Klangbeispiel 2: *4/4-Takt*   Klangbeispiel 4: *3/4-Takt*

Aufgabe 11

a) Fülle die leeren Takte korrekt mit beliebigen Notenwerten. Sprich das Ergebnis mit Rhythmussilben.
b) **Partnerarbeit:** Spiele das Ergebnis deinem Banknachbarn mit beliebigen Körperklängen vor.
c) **Partnerrätsel:** Der eine spielt einen einzelnen Takt vor, der andere soll herausfinden, welcher Takt gespielt wurde.

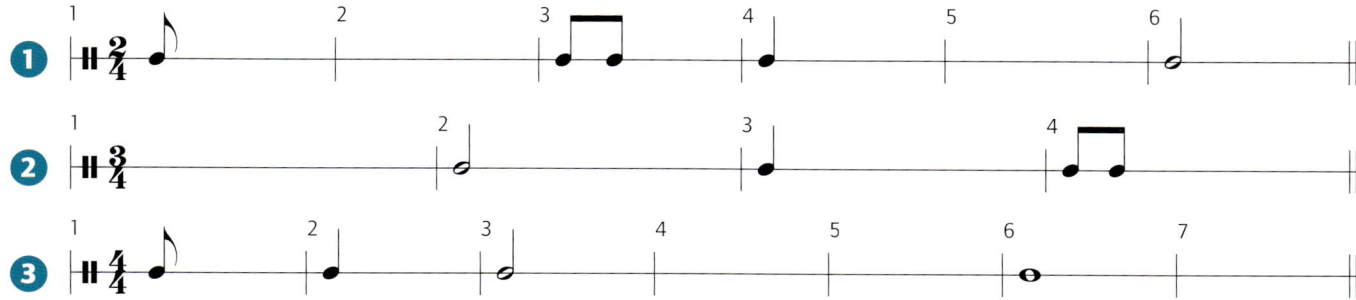

Aufgabe 12   Unser kleines Projekt (→ SB, S. 36, A 5a)

Wir ermitteln unseren Supergroove.

a) Bildet Zweiergruppen und erfindet eine eigene Bodypercussion-Stimme zur Begleitung des Songs „Hier kommt die Klasse". Notiert euer Ergebnis jeweils im Kästchen „Gruppenergebnis" und übt eure neu „komponierte" Bodypercussion.

   [**Tipp**] Benutzt zwei, höchstens drei verschiedene Sounds (siehe unten); dadurch wird euer Rhythmus klarer und kraftvoller.

Gruppenergebnis:

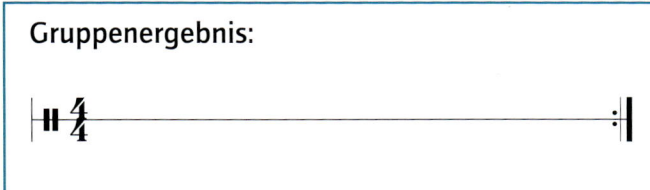

Supergroove der Klasse:

Stimme 1

Stimme 2

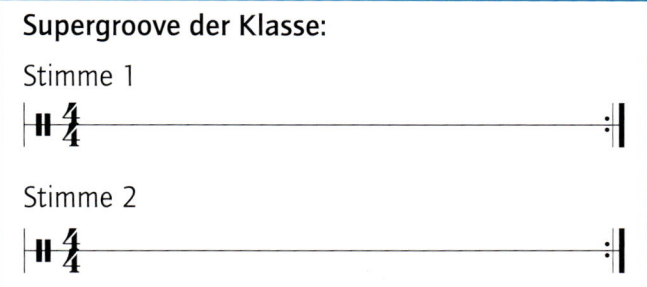

Bodypercussion-Sounds:

= stampfen   = klatschen   = auf die Oberschenkel patschen   = auf den Oberkörper klopfen   = schnipsen

b) Stellt euch gegenseitig eure Ergebnisse vor. Welche Rhythmen der anderen Gruppen passen gut zu eurem Rhythmus? Schließt euch zu entsprechenden Viererteams zusammen und spielt eure Rhythmen in einem gemeinsamen Tempo.

c) Veranstaltet einen Wettbewerb „Die Klasse sucht den Supergroove", bei dem zunächst jedes Viererteam seine Bodypercussion zum Song musiziert. Beim anschließenden Voting hat jede Gruppe zwei Stimmen, ebenso wie der Lehrer oder die Lehrerin. Bei Gleichstand musizieren die Topteams ihre Grooves so lange „gegeneinander", bis einer einen Fehler macht. Tragt die beiden erstplatzierten Rhythmen als „Supergroove" oben rechts ein und spielt sie dann in der Klasse.

Meet the beat

Auf los geht's los: der Auftakt (→ SB, S. 37)

Aufgabe 13
Beginnt dein Name mit einem Volltakt oder mit einem Auftakt?

LE – NA: die 1. Silbe ist betont → Volltakt   FRAN – **ZIS** – KA: die 2. Silbe ist betont → Auftakt

Finde im Silbenrätsel 2 zweisilbige, 2 dreisilbige und 2 viersilbige Vornamen und schreibe sie auf. Entscheide dann, ob sie mit einem Volltakt oder einem Auftakt beginnen und markiere farbig (Auftakt = blau, Volltakt = grün).

Silben:
BETH – DO – E – HAN – JO – KA – LI – MA – MI – MAS – NA – NES – NIK – RI – RIE – THA – THO – SA

Vornamen mit zwei Silben: *Thomas, Marie*

Vornamen mit drei Silben: *Johannes, Dominik*

Vornamen mit vier Silben: *Elisabeth, Katharina*

Aufgabe 14 (B 9, 16, 21, 44)
Höre vier Klangbeispiele und entscheide jeweils: Auftakt oder Volltakt?

Klangbeispiel 1: ☒ Auftakt ☐ Volltakt   **Klangbeispiel 3:** ☒ Auftakt ☐ Volltakt
Klangbeispiel 2: ☐ Auftakt ☒ Volltakt   **Klangbeispiel 4:** ☐ Auftakt ☒ Volltakt

Aufgabe 15 (→ SB, S. 37, A 4)
Ergänze die folgenden Rhythmen jeweils zu zwei vollen Takten. Verwende Halbe, Viertel und Achtel.

Auftakt und Volltakt — Grundwissen aktiv

Setze die folgenden „Takt-Wörter" richtig ein:
Auftakt (2 x) – Schlusstakt (2 x) – Takt (4 x) – Taktstrich (1 x) – Volltakt (1 x)

Beginnt ein Musikstück auf der betonten Zählzeit 1, so spricht man von einem *Volltakt*.

Beginnt ein Stück mit einem unvollständigen *Takt*, spricht man von einem *Auftakt*.

Die Notenwerte vor dem ersten *Taktstrich* zusammen mit dem *Schlusstakt*

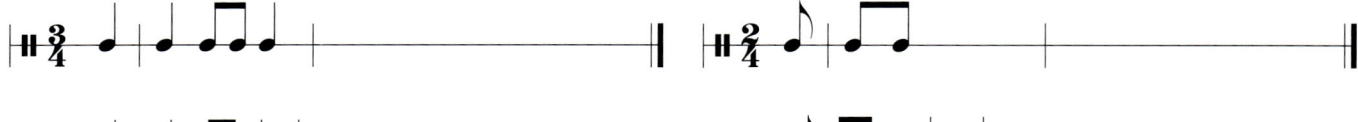

ergeben in der Regel einen vollständigen *Takt*. Das Lied „Morgengruß" (→ SB, S. 37)

z. B. beginnt und endet mit einem unvollständigen *Takt*. Zählt man *Auftakt* und

Schlusstakt zusammen, erhält man einen vollständigen 4/4-*Takt*.

Kapitel 1 2 3 4 5 6 7 8 9

Musiklabor: Bunte Rhythmusspiele (→ SB, S. 40)

Aufgabe 16 (→ SB, S. 41, A 5)

a) Übertrage die Rhythmen auf die Rhythmusuhren. Male die leeren Kreise entsprechend aus.

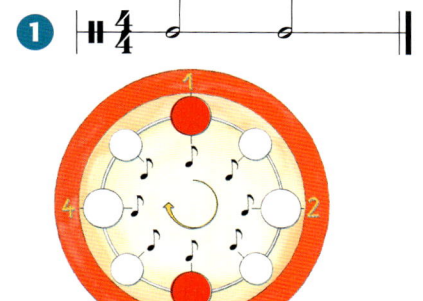 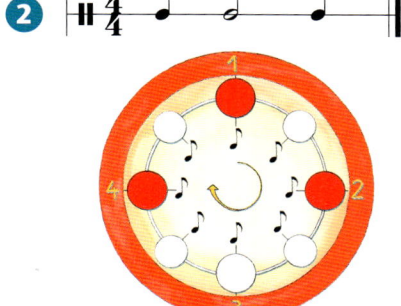 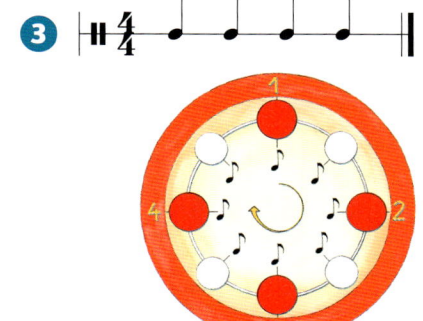

b) **Partnerarbeit:** Einer markiert mit Gegenständen (Münzen, Radiergummis etc.) unterschiedliche Positionen auf der Rhythmusuhr im Schülerbuch auf S. 41. Der andere klatscht die entstandenen Rhythmen. Tragt eure zwei Lieblingsrhythmen hier in Notenschrift ein.

[Tipp] Nutzt auch die Zählzeiten zwischen den (roten) Grundschlägen.

❶ |H 4/4 — — — — ‖   ❷ |H 4/4 — — — — ‖

c) **Partnerrätsel:** Spielt euch gegenseitig eure erfundenen Rhythmen vor und übertragt sie nach dem Gehör auf die Rhythmusuhren. Malt dazu die leeren Kreise entsprechend aus.

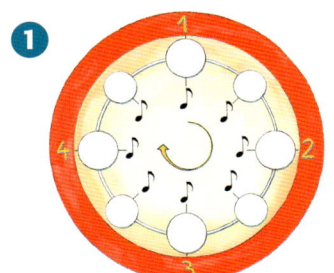 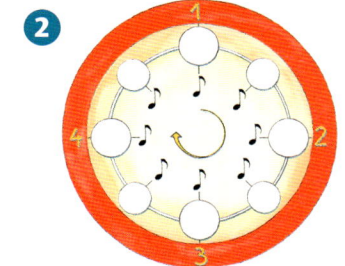 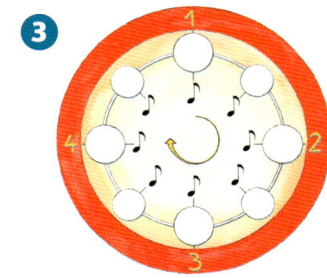

[Das habe ich in diesem Kapitel gelernt]

	Klar kann ich das!	Das gelingt mir meistens.	Das fällt mir noch schwer.
✚ den Grundschlag in zwei bzw. drei kleinere Schläge zu unterteilen			
✚ die Klänge eines Drumsets zu erkennen			
✚ die Begriffe Grundschlag, Takt und Rhythmus zu erklären			
✚ wie man Rhythmen mithilfe der Notenschrift aufschreibt			
✚ Taktarten zu erkennen und richtig zuzuordnen			
✚ einen Rap mit eigenen Bodypercussion-Grooves zu begleiten			
✚ Auftakte in der Musik zu erkennen			

Wolfgang Amadeus Superstar

Reisen muss sein! (→ SB, S. 48)

Aufgabe 1 (→ SB, S. 49, A 1a)

Unten ist die Reiseroute der Familie Mozart angegeben. Zeichne sie mit Blau in die Karte ein.

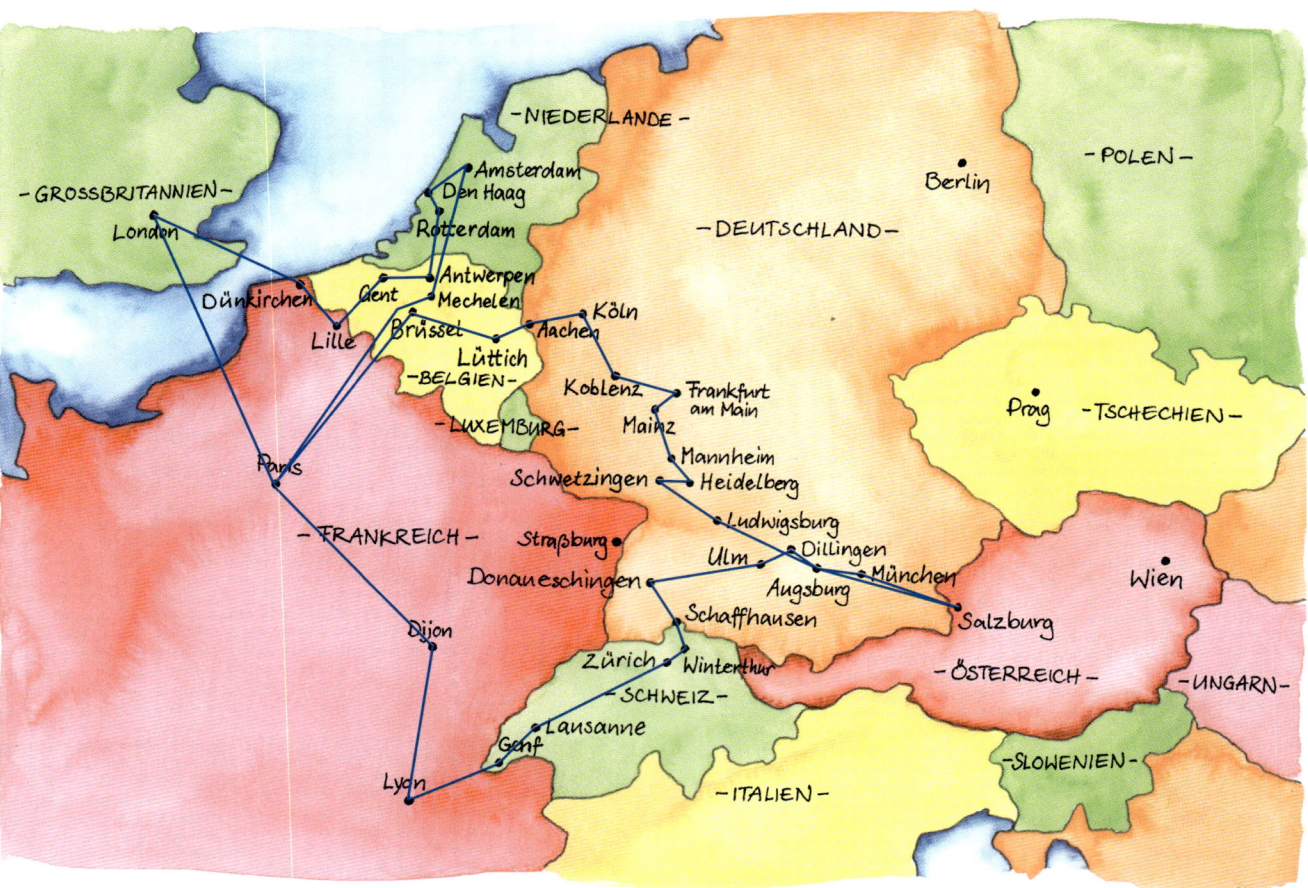

Reiseroute der Familie Mozart: Salzburg – München – Augsburg – Ludwigsburg – Schwetzingen – Heidelberg – Mannheim – Mainz – Frankfurt am Main – Koblenz – Köln – Aachen – Lüttich – Brüssel – Paris – London – Dünkirchen – Lille – Gent – Antwerpen – Rotterdam – Den Haag – Amsterdam – Mechelen – Paris – Dijon – Lyon – Genf – Lausanne – Zürich – Winterthur – Schaffhausen – Donaueschingen – Ulm – Dillingen – Augsburg – München – Salzburg

Aufgabe 2

Nenne die Städte, die Mozart auf seiner Reise mehrmals besucht hat, seine Heimatstadt Salzburg ausgenommen. Überlege, welche Gründe dies gehabt haben könnte.

Paris, München, Augsburg: bedeutende Städte, Einladungen an Fürstenhöfe,

Städte lagen auf der Rückreise wieder auf der Route …

Aufgabe 3

a) Mit der Kutsche konnte man pro Tag nur etwa 30 Kilometer zurücklegen. Von Mozarts Heimatstadt Salzburg über Paris bis nach London sind es etwa 1470 km. Wie lange dauerte die Reise?

Etwa __49__ Tage, also __7__ Wochen.

b) Die verkehrstechnischen Gegebenheiten haben sich seit Mozarts Zeit stark gewandelt. Überlege, welche Vorteile die Möglichkeiten des Reisens heute bieten.

schnelle Ankunft am Zielort, höherer Komfort (entspanntes Reisen, Gesundheit),

relativ kostengünstig, größere Zuverlässigkeit, gut ausgebautes Verkehrsnetz …

Aufgabe 4

Mithilfe der Multimedia-Präsentation kannst du folgende Fragen beantworten:

Wie heißt die Geburtsstadt von Leopold Mozart? *Augsburg*

In welcher Stadt hat der junge Goethe ein Konzert von Mozart besucht? *Frankfurt am Main*

An welchem besonderen Ort verbrachte die Familie Mozart Weihnachten und Neujahr? *Versailles*

Wie lange hielten sich die Mozarts in London auf? Ungefähr *18 Monate*

Was verzögerte die Abreise der Familie Mozart in Den Haag? *Krankheit Nannerls u. Wolfgangs*

Eine Sinfonie als Zeitvertreib   (→ SB, S. 50)

Grundwissen aktiv

Sinfonie

Beim Schreiben des Infotextes war sich der Musikredakteur an einigen Stellen unsicher. Deshalb bietet er an diesen Stellen zwei oder drei Lösungen an, von denen aber immer nur eine richtig ist. Markiere die richtigen Begriffe mit grüner Farbe.

Eine **Sympathie / <mark>Sinfonie</mark> / Hysterie** ist ein **einteiliges / <mark>mehrteiliges</mark> / ungeordnetes** Werk für **Orgel / <mark>Orchester</mark>**. In der Regel besteht es aus **zwei / <mark>vier</mark> / fünf** Teilen (Sätzen): 1. Satz: schnell; 2. Satz: **<mark>langsam</mark> / schnell**; 3. Satz: **behäbig / <mark>tänzerisch</mark>**; 4. Satz: **<mark>schnell</mark> / tänzerisch**. Joseph Haydn hat über 100 Sinfonien geschrieben, Mozart fast **<mark>60</mark> / 600** und Beethoven **<mark>9</mark> / 12**.

Aufgabe 5

Eine Dreierunterteilung des Grundschlags nennt man in der Regel Triole.
a) Welche der folgenden vier Sprechverse könnten dir beim Üben von Triolen helfen? Kreuze sie an.

- ☒ Einerlei, zweierlei, dreierlei, viererlei
- ☐ Kiwi, Mango, Früchtetango
- ☒ Ananas, Kokosnuss, Ananas, Kokosnuss
- ☐ Wann ist endlich Schluss?

b) Erfinde einen eigenen kleinen Triolen-Vers.

Aufgabe 6

Höre dir den Ausschnitt aus Mozarts 1. Sinfonie (2. Satz) an. Ordne mit Pfeilen richtig zu: Welche Instrumente spielen die Zweiunterteilungen (Motiv 1), welche spielen die Dreierunterteilungen (Motiv 2: Triolen-Rhythmus)?

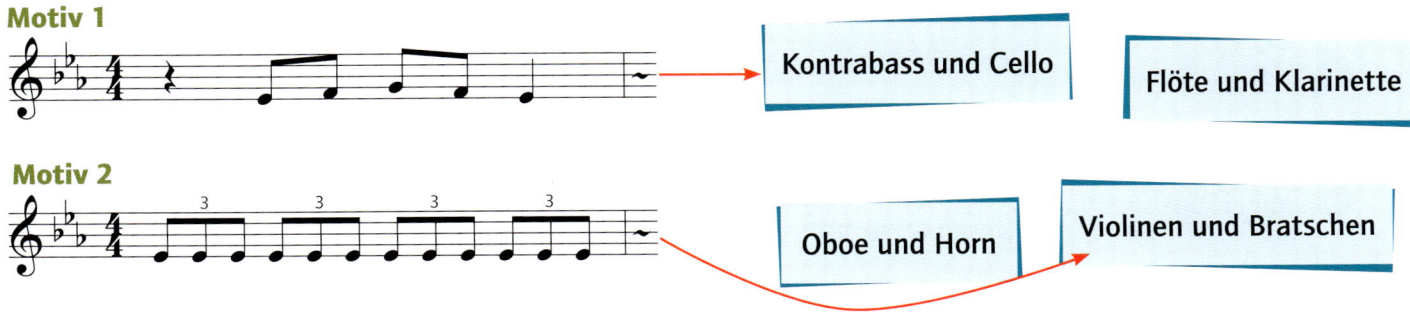

Wolfgang Amadeus Superstar

Die Geschichte einer Entführung

(→ SB, S. 52)

Aufgabe 7
Fülle den Lückentext mit den Auswahlwörtern unten aus.

Ein Singspiel von Mozart

„Die Entführung aus dem Serail"*) ist ein _Singspiel_ (= meist lustiges Schauspiel mit eingestreuten Gesängen und Instrumentalstücken) von Wolfgang Amadeus Mozart. Zur musikalisch _kunstvollen Ausgestaltung_ der Handlung verwendet er darin auch Arien, also _anspruchsvolle Sologesänge_. Im Mittelpunkt des Geschehens steht der Versuch des spanischen Adligen _Belmonte_, seine Verlobte _Konstanze_ aus der _Gefangenschaft_ zu befreien. Nach einem Piratenüberfall wurden sie und ihr Dienstmädchen Blonde auf dem _Sklavenmarkt_ an den Bassa Selim verkauft. Dessen Diener _Osmin_ bewacht die beiden Frauen Tag und Nacht. Mithilfe des treuen _Pedrillo_ – und einer Flasche Wein – gelingt es Belmonte, den bösen Osmin vorerst auszuschalten. Trotzdem kann dieser in letzter Minute die Flucht verhindern. Doch _Bassa Selim_ schenkt den Gefangenen großmütig die _Freiheit_.

*) Serail = Palast eines türkischen Herrschers

> **Auswahlwörter:**
> anspruchsvolle Sologesänge – Bassa Selim – Belmonte – Freiheit – Gefangenschaft – Konstanze – kunstvollen Ausgestaltung – Osmin – Pedrillo – Singspiel – Sklavenmarkt

Aufgabe 8
Mozart gestaltet seine Melodien so, dass sie die Besonderheiten der beschriebenen Situationen verdeutlichen.
a) Zeichne den melodischen Verlauf in den vier Beispielen mit unterschiedlichen Farben nach.

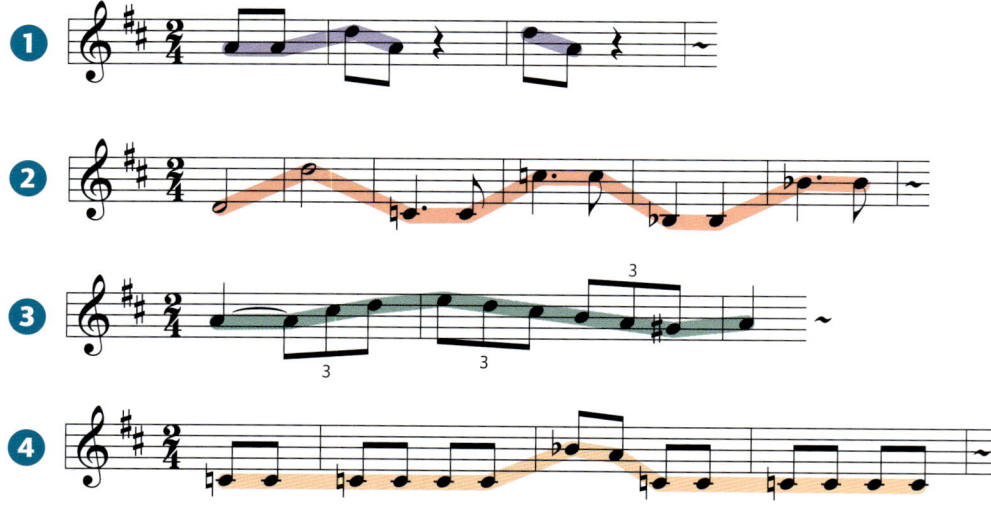

b) Ordne die unten abgebildeten Aktionen deinen „Melodiebildern" aus Aufgabe a) zu.

entspringen	hüpfen und lachen	schleichen	singen

Melodiebild Nr. _4_	Melodiebild Nr. _1_	Melodiebild Nr. _2_	Melodiebild Nr. _3_

c) Betrachte die Notenbeispiele und Melodiebilder aus Aufgabe a) und b) und fülle die Textlücken mithilfe der Auswahlwörter unten.

In Notenbeispiel _2_ finden sich _punktierte_ Viertelnoten. Mozart will damit das zögerliche Voranschreiten charakterisieren, das für das _Schleichen_ typisch ist. Notenbeispiel 4 enthält viele _Tonwiederholungen_. Lediglich _zwei_ Noten „scheren aus". Mit dem _„Entspringen"_ dieser Noten setzt Mozart die Textstelle anschaulich in Töne um. Singt man eine _Dreierunterteilung_ (Triole) auf den Text „la la la", so klingt das _fröhlich_ und unbeschwert. Vielleicht hatte dies Mozart im Kopf, als er die entsprechende Textstelle vertonte (Notenbeispiel 3). Hüpft man von einem Bein auf das andere, macht man größere Sprünge. Dies hat Mozart auch in seiner Melodie bei der Textstelle „hüpfen will ich, lachen ..." gemacht: _Tonsprünge_ verdeutlichen hier den Textinhalt (Notenbeispiel 1).

Auswahlwörter:
2 – Dreierunterteilung – „Entspringen" – fröhlich – punktierte – Tonsprünge – Tonwiederholungen – Schleichen – zwei

Notenwerte 2: Punktierte Noten

Ein Punkt hinter einer Note verlängert diese um die Hälfte ihres Wertes.
Eine punktierte Viertelnote hat also z. B.
die Länge einer Viertel- plus einer Achtelnote: ♩. = ♩ + ♪

a) Ergänze:

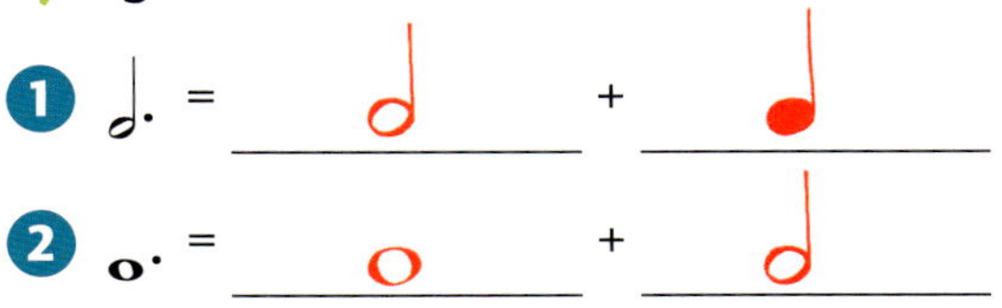

1. ♩. = 𝅗𝅥 + ●
2. 𝅗𝅥. = 𝅗𝅥 + ♩
3. In eine punktierte Viertelnote passen _3_ Achtelnoten.

b) Notiere als punktierte Notenwerte:

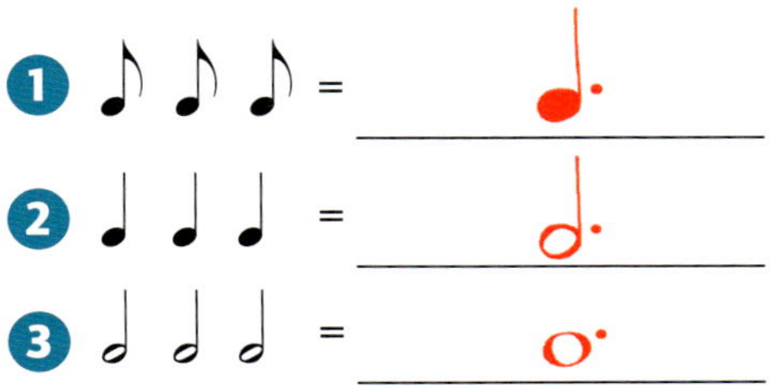

1. ♪ ♪ ♪ = ♩.
2. ♩ ♩ ♩ = 𝅗𝅥.
3. 𝅗𝅥 𝅗𝅥 𝅗𝅥 = 𝅝.

27

Wolfgang Amadeus Superstar

Notenwerte 3: Triole

Eine Triole ist eine Dreierunterteilung eines Grundschlags.

Ergänze:

1

2 Verwandle den folgenden Notenwert in eine Dreierunterteilung:

Aufgabe 9

a) Sprich zunächst die 8 folgenden Rhythmen mit der Rhythmussprache (du / du dei / du da di).

1. du dei du du
2. du du du dei
3. du dei du dei
4. du dei du da di du
5. du da di du dei du
6. du du
7. du dei du dei du
8. du du du dei

b) **Nummernrätsel-Spiel:** Ein Schüler wählt einen Rhythmus aus und spielt ihn vor. Die anderen sollen die entsprechende Rhythmusnummer herausfinden.

c) **Telefonnummern-Spiel:** Reiht nun mehrere Rhythmusbausteine aneinander und spielt sie euch gegenseitig wie in Aufgabe b) vor. Beginnt mit einer zweistelligen Zahl (z. B. 15) und steigert dann allmählich die Anzahl der Rhythmusbausteine.

[Tipp] Ihr könnt mit diesen Rhythmen auch „Der verbotene Rhythmus" spielen (➔ SB, S. 27).

Aufgabe 10

a) Achtung Fehlerteufel! Dein Lehrer oder deine Lehrerin spielt dir den folgenden Rhythmus vor. An einer Stelle ist jedoch ein Fehler eingebaut. Kannst du ihn finden und markieren?

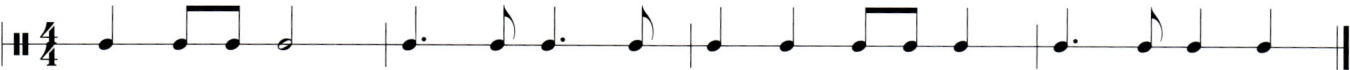

b) Dein Lehrer oder deine Lehrerin spielt dir einen Rhythmus vor. Ergänze die fehlenden Notenwerte und trage die richtige Taktangabe ein.

Kapitel 1 2 3 **4** 5 6 7 8 9

Mozarts Leben

(→ SB, S. 55)

Aufgabe 11

Erstelle einen kleinen Steckbrief von Mozart. Informiere dich in eurer Schulbibliothek und/oder im Internet. Dort findest du auch einige Bilder. Wenn du weitere Hilfe brauchst, frage deinen Lehrer oder deine Lehrerin.

Wolfgang Amadeus Mozart: Leben und Werk

- Spitzname: *Wolferl*
- Geburtsort: *Salzburg*
- Lebensdaten: von *1756* bis *1791*
- Beruf: *Komponist*
- Name und Beruf des Vaters: *Leopold, Musiker/Komponist*
- Spitzname der Schwester: *Nannerl*
- Anzahl der von Mozart komponierten Sinfonien: *fast 60*
- 3 wichtige Opern/Singspiele von Mozart: *z. B. Die Zauberflöte, Die Entführung aus dem Serail, Die Hochzeit des Figaro*
- Mozarts letztes Werk: *Requiem*
- In dieser Stadt hat Mozart die meiste Zeit seines Lebens verbracht: *Wien*
- Mozart ist ein zentraler Komponist dieser Epoche: *Klassik*
- Das ist mir sonst noch wichtig: _____

Hier kannst du ein Bild von Mozart einkleben.

[Das habe ich in diesem Kapitel gelernt]

	Klar kann ich das!	Das gelingt mir meistens.	Das fällt mir noch schwer.
+ einige Einzelheiten über Mozarts Leben und wie man vor 250 Jahren reiste			
+ was man unter einer Arie und einem Singspiel versteht			
+ die Handlung aus Mozarts Singspiel „Die Entführung aus dem Serail" nachzuerzählen			
+ eine Mozart-Arie mithilfe musikalischer Parameter zu beschreiben			
+ Triolen und Punktierungen zu erkennen und rhythmisch präzise auszuführen			
+ mit vielfältigen Rhythmusbausteinen zu musizieren			

Mit Musik erzählen

Musik ohne Worte (→ SB, S. 58)

Aufgabe 1

a) Ordne die Symbole den darunter stehenden Beschreibungen mit Pfeilen zu.
b) Führe die Klangaktionen mit der Stimme oder einem beliebigen Instrument aus.

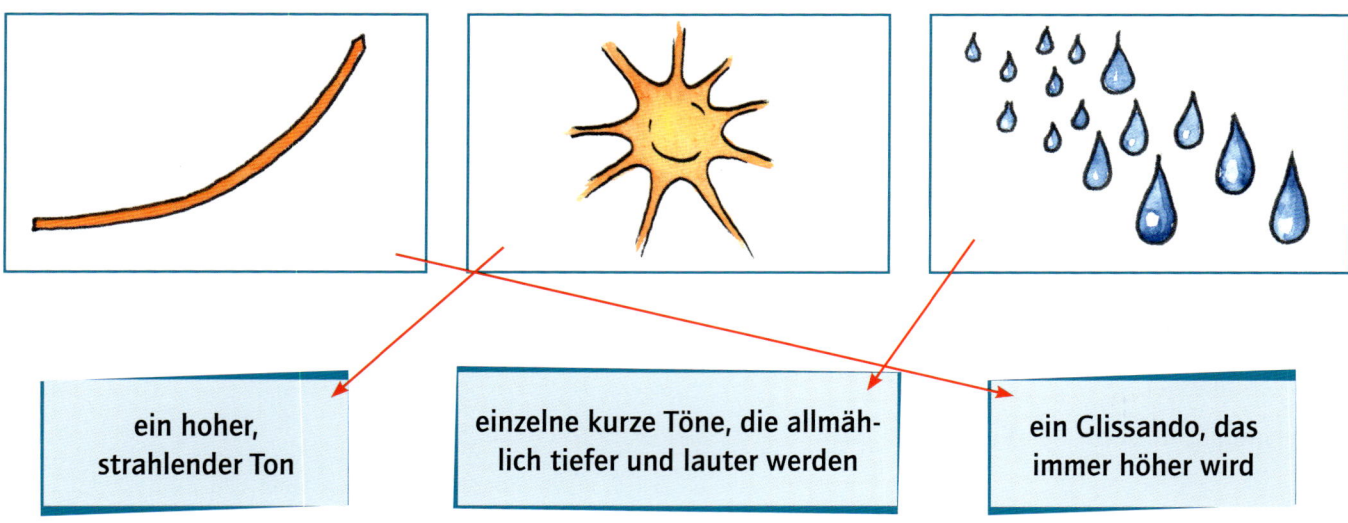

Aufgabe 2 (→ SB, S. 58, A 2a)

Fertige eine Ablaufskizze des von eurer Gruppe aufgeführten Klangbildes zu einer der Abbildungen auf S. 58 in eurem Schülerbuch an. Dabei sollen Tonhöhe, Tempo und Lautstärke deutlich werden. Beginne deine Skizze links und achte auf die zeitliche Einteilung. Benutze folgende (oder ähnliche) Symbole:

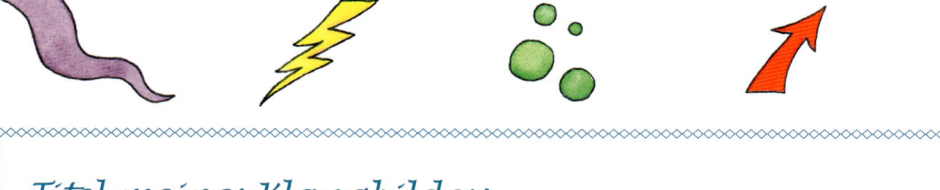

Titel meines Klangbildes: _____

Tonhöhe

Zeit

[Kapitel 5: Mit Musik erzählen]

30

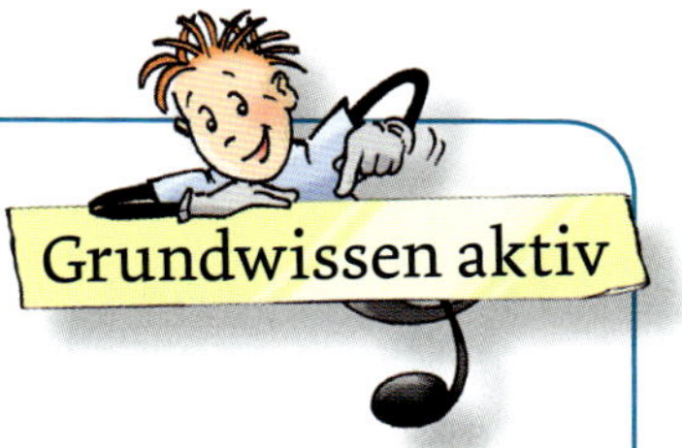

Kapitel 1 2 3 4 **5** 6 7 8 9

Artikulation und Lautstärke

Trage in die leeren Kärtchen die deutschen Spielanweisungen für die musikalischen Symbole und deren Fachbegriffe ein.

Grundwissen aktiv

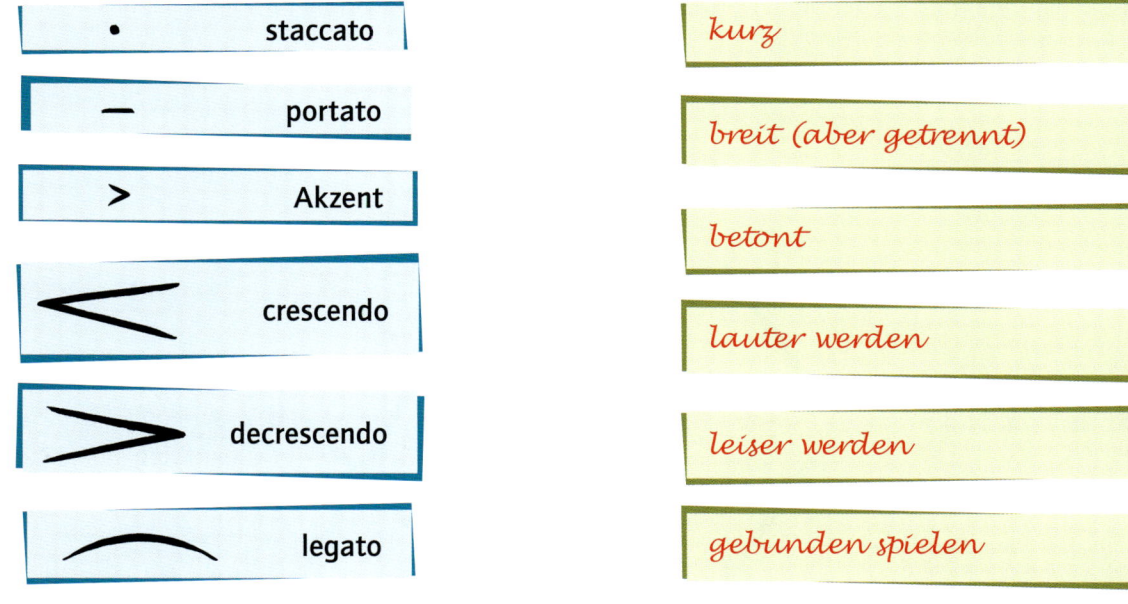

Bringe die folgenden 6 Begriffe aus dem Bereich der Lautstärke (Dynamik) in eine schrittweise lauter werdende Reihenfolge:

f (forte), p (piano), mf (mezzoforte), ff (fortissimo), mp (mezzopiano), pp (pianissimo)

pp	p	mp	mf	f	ff

sehr leise — sehr laut

Aufgabe 3

Je nachdem, mit welcher Lautstärke oder Vortragsart (Artikulation) ein Musikstück gestaltet wird, kann es ganz unterschiedlich klingen.

a) Überlege dir, wie du das Sprechstück unten gestalten willst, und trage die entsprechenden Lautstärke- bzw. Artikulationszeichen unter die Noten ein.

b) **Gruppenarbeit:** Führt euch gegenseitig eure Ergebnisse vor. Sprecht über die Wirkung der verschiedenen Gestaltungsvarianten.

Kleine Mücke

Text u. Musik: U. Moritz
© U. Moritz

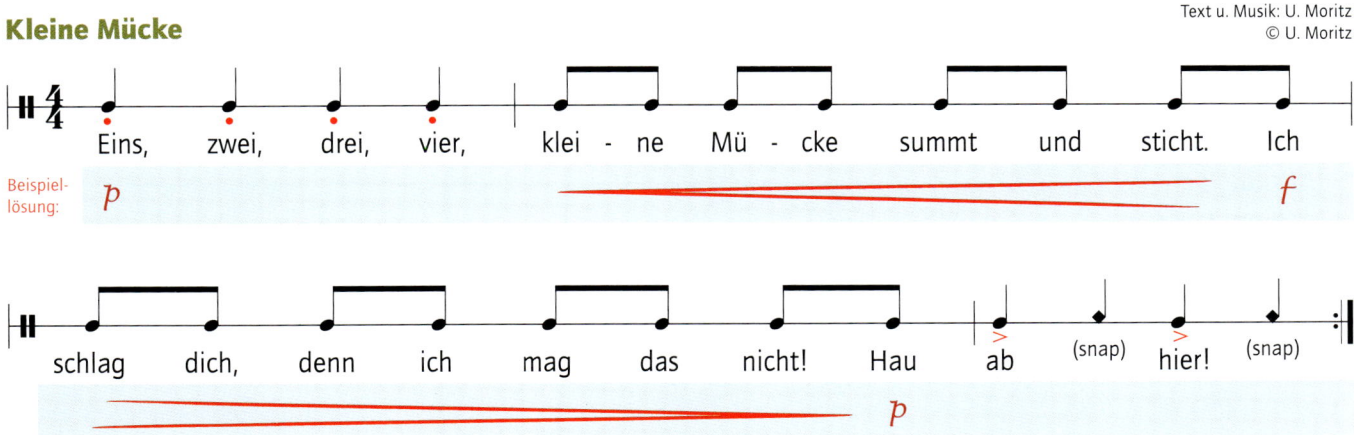

Mit Musik erzählen

Der Klang der Bilder: Bildergeschichten und Comics (→ SB, S. 60)

Aufgabe 4

Musikalische Bausteine (Motive) bilden die Grundlage einer Komposition. Sie können durch Wiederholung, Veränderung oder Kontrast ausgestaltet werden.

a) Spiele zunächst die unten stehenden zweitaktigen Bodypercussion-Bausteine, also jeweils das Ausgangsmotiv plus ein Ergebnis.

b) Zeichne dann die richtigen „Pfade" vom Ausgangsmotiv zum Ergebnis ein.

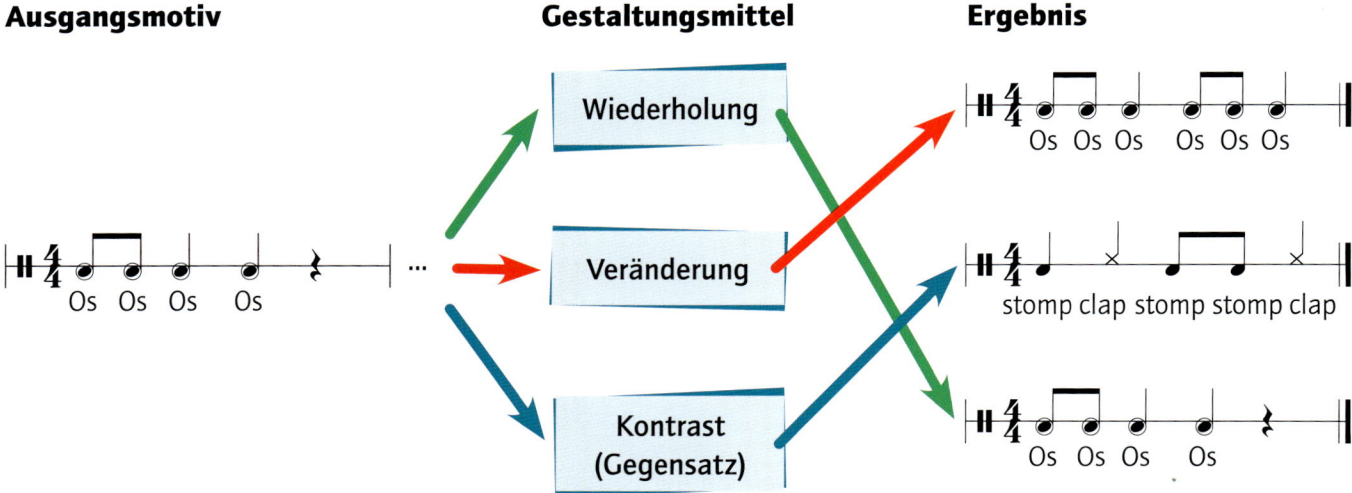

Aufgabe 5

a) **Gruppenarbeit:** Setzt in Kleingruppen auf einem beliebigen Instrument das unten stehende grafische Motiv musikalisch um. Drückt damit den Charakter von Vater **oder** Sohn aus der Bildergeschichte „Der selbstgebaute Schlitten" (→ SB, S. 60) aus. Gestaltet die Parameter Tonhöhe, Tempo, Lautstärke und Artikulation entsprechend.

b) Drückt mit dem Motiv die vorgegebenen drei Aktionen aus; nutzt dazu die musikalischen Gestaltungsmittel Wiederholung, Veränderung und Kontrast.
   Aktion 1: hämmern
   Aktion 2: Schlitten fahren
   Aktion 3: nach Hause gehen

c) Erfindet nun ein weiteres grafisches Motiv für Vater oder Sohn, je nachdem, welche Figur ihr bei Aufgabe a) gewählt habt. Zeichnet es, setzt es musikalisch um und drückt damit nun folgende Aktionen aus:
   Aktion 1: stürzen
   Aktion 2: sägen
   Aktion 3: Zufriedenheit

Das Märchen vom gestohlenen Mond

(→ SB, S. 62)

Aufgabe 6

In dem Chorstück „Der Mond ist fort" setzt Carl Orff die Aufregung der bestohlenen Bewohner musikalisch um.

a) Ordne die folgenden musikalischen Mittel den im Notenbeispiel markierten Stellen zu:

schrittweise absteigende Melodie – Sechzehntelnoten – Text- und Melodiewiederholung – Tonwiederholung – Veränderung des Motivs – Wiederholung des Motivs

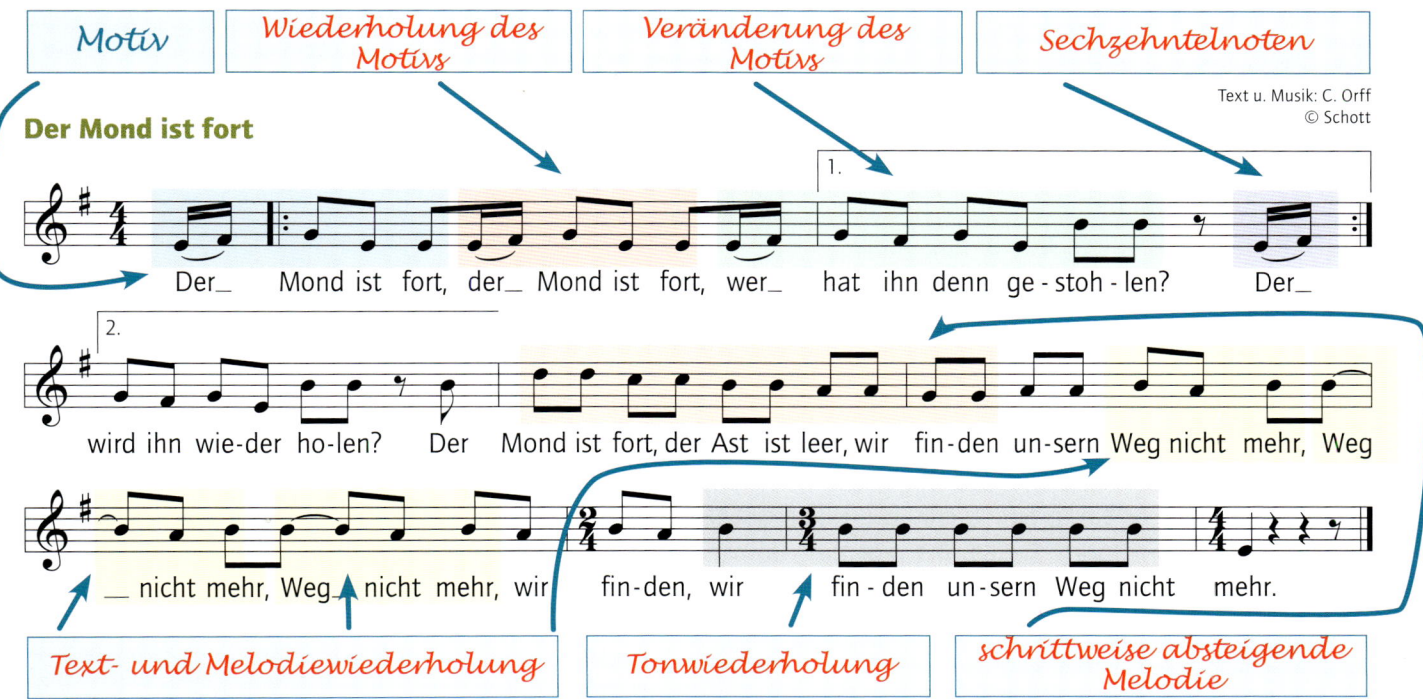

b) Diskutiert gemeinsam, welche musikalischen Mittel besonders gut folgende Aktionen bzw. Gefühle der Bestohlenen ausdrücken:

Aufregung – Enttäuschung über den verschwundenen Mond – das Suchen des Weges – Steigerung der Aufregung – Verzweiflung

Sechzehntelnoten

(→ SB, S. 63)

Aufgabe 7

a) Nach der Achtelnote ist die Sechzehntelnote der nächst kleinere Notenwert. In eine Achtelnote passen 2 Sechzehntel. Wie viele Sechzehntel passen in eine Viertelnote?

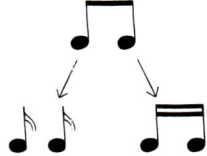

b) Teile den angegebenen Notenwert jeweils in **verschiedene** kleinere Notenwerte auf. Die Teilung muss mindestens eine Sechzehntelnote enthalten.

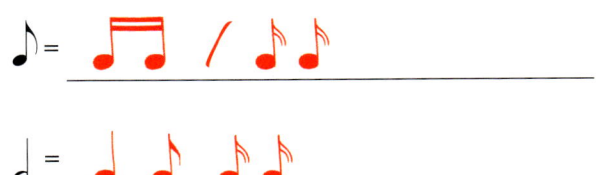

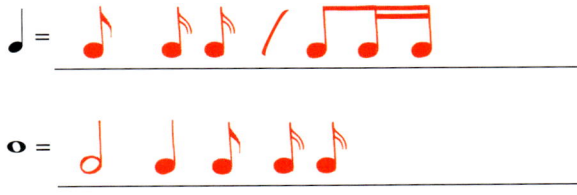

33

Mit Musik erzählen

Aufgabe 8

a) Trage unter die beiden Notenbeispiele die passenden Silben ein und sprich sie dann. Wiederhole gegebenenfalls die Silbensprache für Zweier- bzw. Dreierunterteilungen im Schülerbuch auf S. 50.

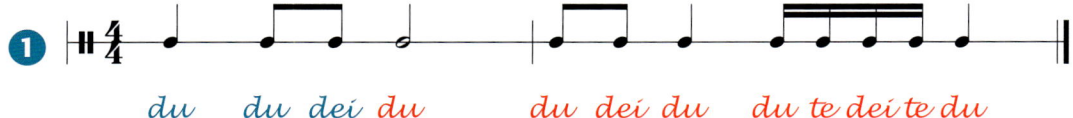

du   du dei du   du dei du   du te dei te du

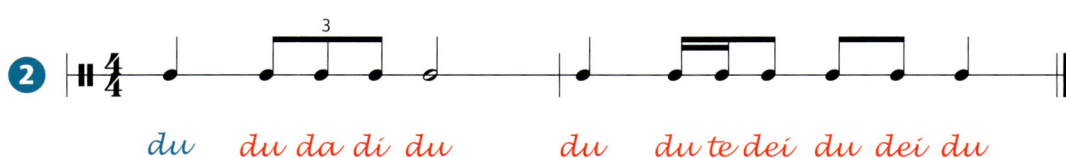

du   du da di du   du   du te dei du dei du

b) Erarbeite dir nun mithilfe der Rhythmussilben die beiden Fanfarenrhythmen.
(Fanfare = prägnantes Trompetensignal)

du   du dei du te dei te du   du dei te du dei te du dei du

Aufgabe 9

a) Erfinde einen zweitaktigen Rhythmus, in dem Sechzehntel vorkommen. Notiere ihn und ergänze die Sprechsilben unter den Noten. Sprich und musiziere deinen Rhythmus dann.

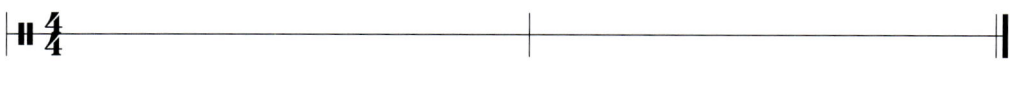

b) **Partnerarbeit:** Sprich und musiziere deinen Rhythmus mehrmals in unterschiedlichen Lautstärken. Du kannst auch leise beginnen und lauter werden (crescendo) oder umgekehrt (decrescendo). Kann dein Partner die Dynamik jeweils richtig erkennen? Wechselt die Rollen.

c) **Partnerarbeit für Profis:** Lass dir von deinem Banknachbarn seinen Rhythmus noch einmal mit Rhythmussilben vorsprechen. Kannst du ihn richtig notieren?

[Das habe ich in diesem Kapitel gelernt]	Klar kann ich das!	Das gelingt mir meistens.	Das fällt mir noch schwer.
✚ Klangbilder mithilfe von grafischen Zeichen darzustellen			
✚ wie man Artikulation (Vortragsart) und Dynamik (Lautstärke) mit Symbolen und Worten ausdrückt			
✚ wie man mit Artikulation und Dynamik ein Musikstück unterschiedlich gestalten kann			
✚ wie man ein Motiv wiederholen, verändern und kontrastieren (= einen Gegensatz setzen) kann			
✚ wie man Sechzehntelnoten aufschreibt und mit Silben spricht			

Melodien machen Laune

(→ SB, S. 70)

Aufgabe 1

(→ SB, S. 70, A 2)

Denke dir für die Strophen 3 und 4 des „Early-Morning-Reggae" einen eigenen **deutschen** Text aus.
Die Reimwörter unten können dir dabei helfen.

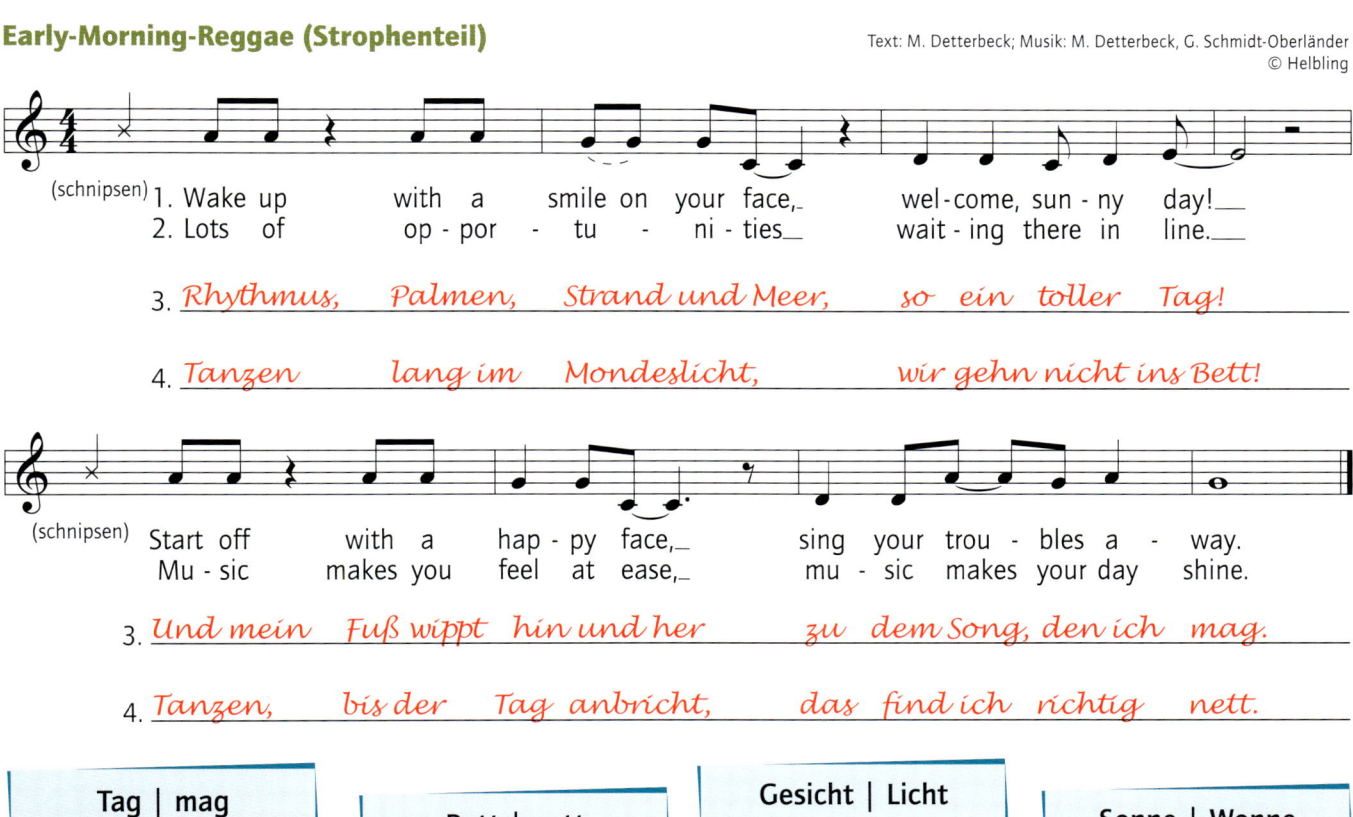

Early-Morning-Reggae (Strophenteil)
Text: M. Detterbeck; Musik: M. Detterbeck, G. Schmidt-Oberländer
© Helbling

(schnipsen)
1. Wake up with a smile on your face, wel-come, sun-ny day!
2. Lots of op-por-tu-ni-ties wait-ing there in line.
3. Rhythmus, Palmen, Strand und Meer, so ein toller Tag!
4. Tanzen lang im Mondeslicht, wir gehn nicht ins Bett!

(schnipsen)
Start off with a hap-py face, sing your trou-bles a-way.
Mu-sic makes you feel at ease, mu-sic makes your day shine.
3. Und mein Fuß wippt hin und her zu dem Song, den ich mag.
4. Tanzen, bis der Tag anbricht, das find ich richtig nett.

Tag | mag   Bett | nett   Gesicht | Licht   Sonne | Wonne

Melodiebaukasten

(→ SB, S. 71)

Aufgabe 2

(→ SB, S. 71, A 3b)

a) Im Unterricht hast du die Melodiebausteine zum „Early-Morning-Reggae" zu einer eigenen Melodie zusammengesetzt. Notiere sie unten in die Kästchen.
b) Übe deinen neu entstandenen Song erst taktweise, bevor du zu größeren Einheiten (2 Takte, 4 Takte usw.) übergehst.
c) Sobald du deine Melodie flüssig spielen kannst, führe sie zur Stabspielbegleitung (→ SB, S. 70) oder zum Playback aus (Strophenteile).

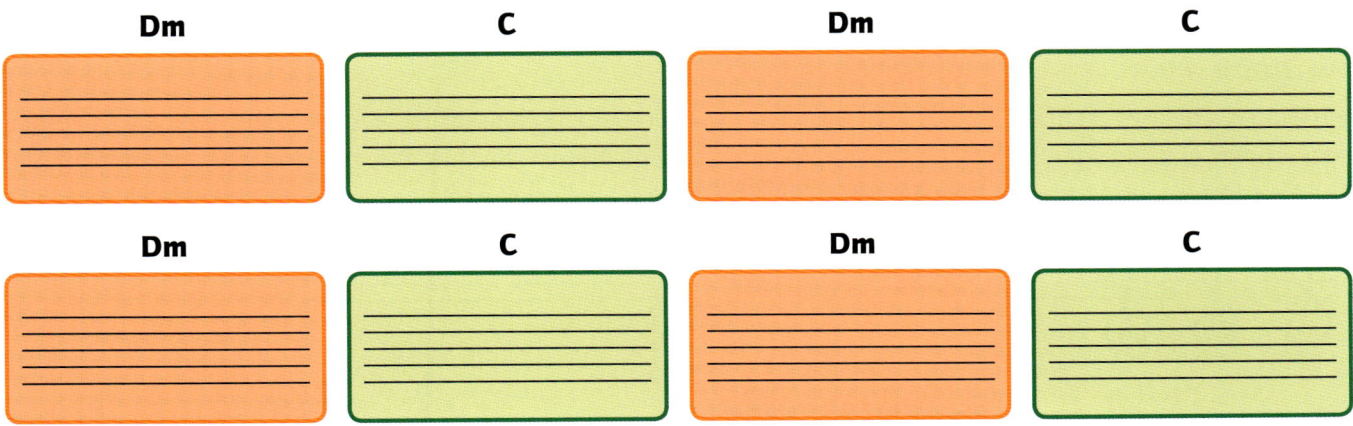

Haste Töne?

Musik erfinden und aufschreiben (→ SB, S. 72)

Aufgabe 3

Notenschrift ist keine Musik, sie besteht nur aus Zeichen, die zudem meist recht unvollkommen wiedergeben, wie die Musik klingen soll. Besser lernt man Musik, indem man sie vorgesungen oder vorgespielt bekommt. Das war Jahrhunderte lang so und funktioniert in vielen Fällen auch heute noch. Überlege, warum die Menschen trotzdem irgendwann eine Notenschrift erfunden haben. Fasse deine Ergebnisse in zwei bis drei Sätzen schriftlich zusammen.

Mögliche Gründe: man vergisst seine musikalischen Ideen nicht; Musik wird so aufgeführt, wie der Urheber (Komponist) das wollte; Musik kann an einen großen Kreis (auch an weit entfernt wohnende Personen) weitergegeben werden ...

Notation von Musik

Grundwissen aktiv

Einen Tonvorrat von 5 Tönen nennt man **Pentatonik** (von griech. „penta" = fünf). Will man eine pentatonische Tonleiter notieren, braucht man ein Notensystem, in dem man **Tonhöhen** und **Tonlängen** notieren kann.

Trage in die Kästchen die richtigen Notennamen ein und fülle unten die Textlücken.

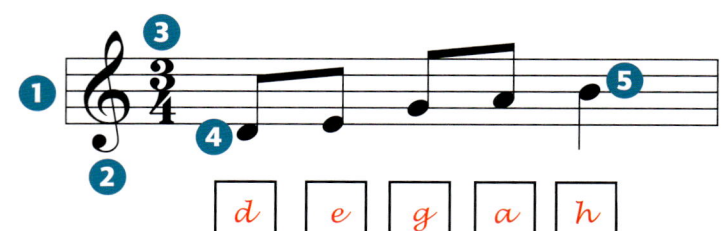

Notennamen in den Kästchen: *d e g a h*

❶ Das *Notensystem* umfasst *5* Linien.

❷ Der *Violinschlüssel* wird auch *G*-Schlüssel genannt.

❸ *Taktangabe*, hier: *3/4-Takt*

❹ Welchen *Notenwert* besitzt der Ton *d*? Achtelnote

❺ Welchen Notenwert besitzt der Ton *h*? *Viertelnote*

Der Notenschlüssel

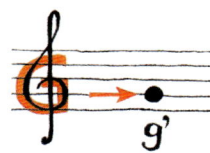

Aufgabe 4

Ein Notenschlüssel „schließt" unser Notensystem auf. Der Violinschlüssel ist aus dem Buchstaben G heraus entstanden und legt den Ton *g* fest. Sobald du eine einzige Note – wie hier das *g* – festlegst, bekommen alle anderen Noten automatisch ihre Namen. Übe eine Zeile den Violinschlüssel zu schreiben.

Kapitel 1 2 3 4 5 **6** 7 8 9

Grundwissen aktiv

Notation der Stammtöne

Es gibt nur 7 verschiedene weiße Tasten auf dem Klavier. Nach dem 7. Ton geht es, wie bei den Wochentagen, wieder von vorne los. Wir nennen die weißen Tasten **Stammtöne**. Den verschiedenen Tonhöhen werden die sieben **Notennamen a, h, c, d, e, f, g** zugeordnet. Die Stammtöne werden immer abwechselnd auf einer **Notenzeile** und in einem **Zwischenraum** notiert. Für Töne, die über das Notensystem hinausreichen, verwendet man sogenannte **Hilfslinien**. Das sind kurze Linien, die die fünf Linien des Notensystems ergänzen.

Merke: Bei Notenköpfen unterhalb der mittleren Linie zeigen die Notenhälse nach oben und sitzen rechts. Bei denen ab der mittleren Linie zeigen die Notenhälse nach unten und sitzen links.

Trage die Stammtöne in das Notensystem von *c* ausgehend ein (Viertelnoten). Vergiss den Violinschlüssel nicht! Achte auf die korrekte Richtung der Hälse.

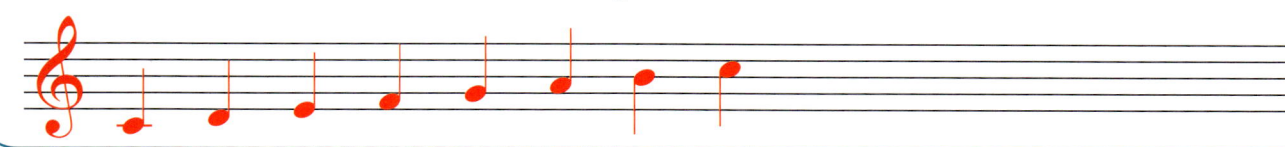

Aufgabe 5

Lerne die Reihenfolge der weißen Tasten auswendig. Löse mit deinem Banknachbarn dazu folgende Aufgaben:
a) Wer schafft es, die Stammtöne schneller ohne Fehler vorwärts und genauso sicher auch rückwärts aufzusagen?
b) Gebt euch gegenseitig beliebige Starttöne (z. B. von *e* aus) und Richtungen (vorwärts oder rückwärts) vor.
c) Überspringt jeweils einen Ton (z. B. *c – e*), später 2 Töne. Denkt euch weitere Herausforderungen aus.

Aufgabe 6

Bist du fit im Notenlesen und -schreiben?
a) Wie heißen diese Noten? Wer kann als Erstes die vier Lösungswörter nennen?

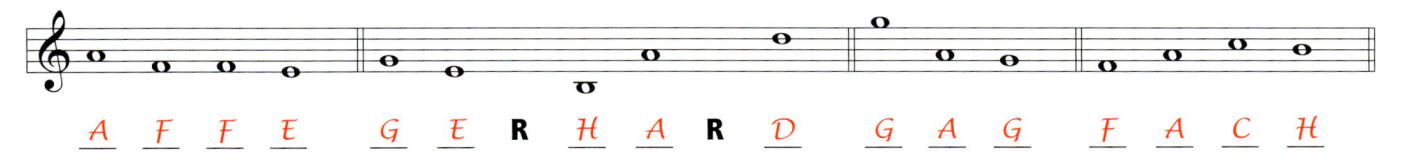

A F F E   G E R H A R D   G A G   F A C H

b) Erfinde drei eigene „Notenwörter". Wer findet das längste Wort, das möglichst viele Notennamen nutzt? Achtung: Vergiss den Violinschlüssel nicht!

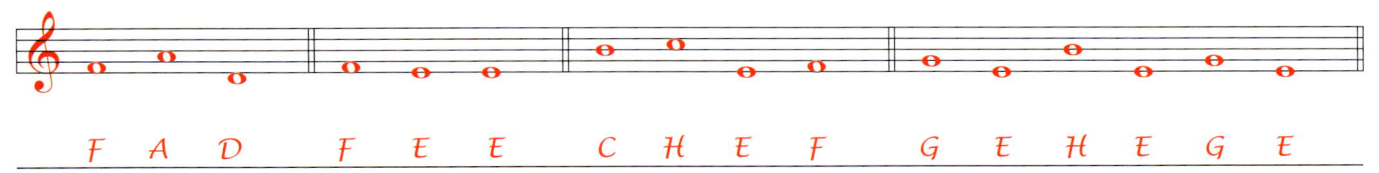

F A D   F E E   C H E F   G E H E G E

c) Do you speak English? Warum hatte Vater heute so schlechte Laune?

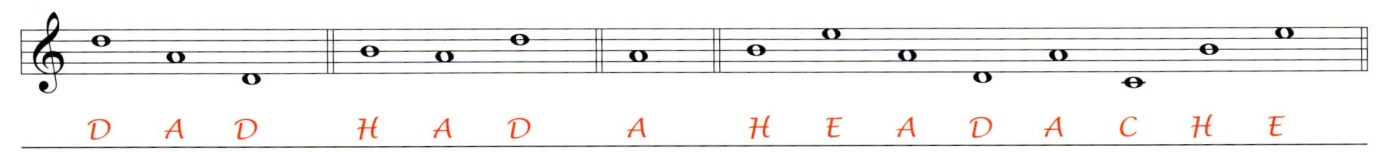

D A D   H A D   A   H E A D A C H E

Haste Töne?

Töne in Ordnung: Tonleitern (→ SB, S. 74)

Aufgabe 7 (→ SB, S. 74, A 1)
Fülle den Lückentext mithilfe der Auswahlsilben richtig aus.

Klaviertasten

Klaviertasten – klarer Fall: Das sind immer abwechselnd _schwarze_ und weiße _Tasten_.

Immer abwechselnd? Nein, da gibt es doch eine _Unregelmäßigkeit_ im System! Die

schwarzen _Tasten_ sind stets in Zweier- und Dreiergruppen angeordnet. Präge dir

als Merkhilfe für die Tonnamen gut ein: Links von den schwarzen _Zwillings_-Tasten findest du

den **Ton** *c*, links von den schwarzen _Drillings_-Tasten findest du den **Ton** *f*. Auf den _weißen_

Tasten geht's von links nach rechts die sieben _Stammtöne_ hinauf: *a – h – c – d – e – f – g*.

Darauf folgt wieder der Ton *a* und die nächste Stammtonreihe beginnt. Insgesamt gibt es auf dem

Klavier 12 verschiedene Tasten, deren Abfolge sich meist 7 Mal wiederholt.

> **Auswahlsilben:**
> Dril – gel – keit – Kla – lings (2 x) – mä – ne – re – schwar (2 x) – Stamm – ßen – ßig – Tas (2 x) – ten (2 x) – tö – Un – vier – wei – ze – zen – Zwil

Aufgabe 8 (→ SB, S. 74, A 3)
a) **Erfinde eine Tonleiter**, indem du eine beliebige Anzahl von Tasten mit Bleistift ○ markierst. Zwei Töne sind schon vorgegeben.
b) **Partnerarbeit:** Spiele deine neu erfundene Tonleiter auf einem Keyboard oder Klavier. Lass dir von deinem Partner seine Tonleiter vorspielen. Vergleicht die Tonleitern und beschreibt die Unterschiede. Bezieht auch die jeweilige klangliche Wirkung in eure Überlegungen mit ein.
c) Versucht, die Tonleiter des Partners jeweils „nach Gehör" nachzuspielen. Hört dabei gut zu und redet so wenig wie möglich. Lernt die Melodie nur durch Zuhören und Probieren, nicht durch Hinsehen und Erklären.

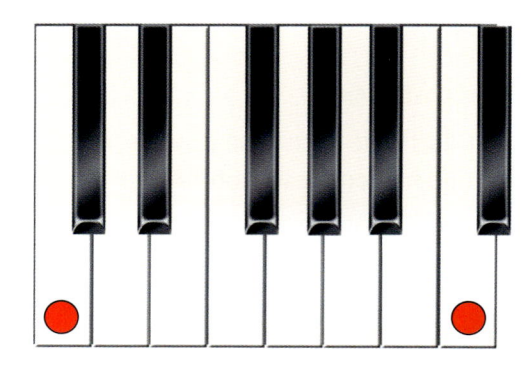

Die Tonleiter *Grundwissen aktiv*

Ergänze den Lückentext mithilfe der „Ton"-Wörter unten.

Eine _Tonleiter_ ist in der Regel keine Melodie, sondern, vergleichbar mit dem Alphabet, eine

Aneinanderreihung von nebeneinanderliegenden _Tönen_. Die _Tonleiter_ ist

also ein _Tonvorrat_. Daraus kann man sich

bedienen, wenn man eine Melodie komponieren möchte.

> **Auswahlwörter:**
> Tonleiter (2 x) – Tonvorrat – Tönen

Kapitel 1 2 3 4 5 **6** 7 8 9

Grundwissen aktiv

Die Dur-Tonleiter

Die Dur-Tonleiter besteht aus acht Tönen. Zeichne ein bzw. markiere:
Tonnamen, Ganztonschritte ⌐⌐, Halbtonschritte ⌵, Grundton und Leitton.
Ergänze dann die Lücken in den drei Merksätzen:

1) Bei der Dur-Tonleiter liegen die Halbtonschritte zwischen der

   __3.__ und __4.__ sowie der __7.__ und __8.__ Stufe.

2) Der Name der Tonleiter wird durch den Ton auf der ersten

   Stufe bestimmt. Rechts ist die __C__-Dur-Tonleiter abgebildet.

3) Wenn man die Tonleiter teilt, erhält man zwei gleiche Hälften

   mit jeweils __4__ Tönen. Diese zwei Hälften haben den

   gleichen Aufbau: jeweils zwei __Ganztonschritte__

   und einen __Halbtonschritt__ .

c d e f g a h c

c d e f g a h c

Grundton   Leitton

Aufgabe 9

Bestimme: Ganz- und Halbtonschritte (**GT** bzw. **HT**). Markiere zusätzlich mit dem entsprechenden Zeichen
(⌐⌐ bzw. ⌵).

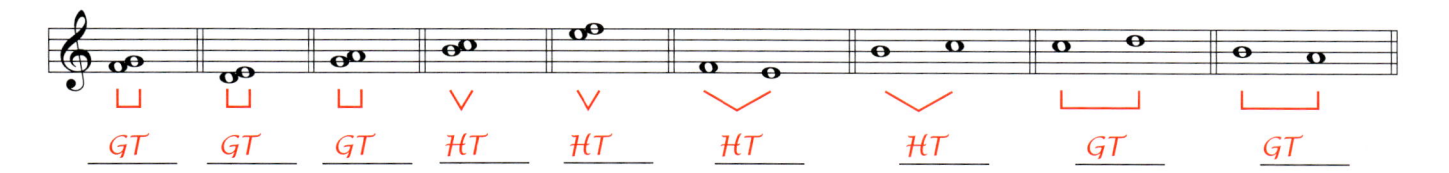

GT GT GT HT HT HT HT GT GT

Maßeinheiten für Tonabstände: Intervalle   (→ SB, S. 76)

Aufgabe 10

Dein Lehrer oder deine Lehrerin spielt dir sechsmal zwei Töne nacheinander vor. Trage jeweils ein, ob der zweite
Ton höher (**h**), tiefer (**t**) oder gleich (**g**) ist wie der erste.

1.	2.	3.	4.	5.	6.

Aufgabe 11

Singe den folgenden Liedausschnitt und zeige mit der Hand den Melodieverlauf an. Markiere anschließend
mit 3 verschiedenen Farben: Tonwiederholungen, Tonschritte und Tonsprünge.

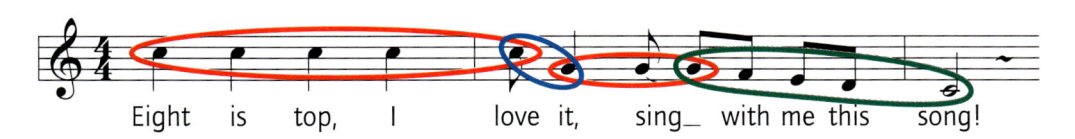

Eight is top, I love it, sing__ with me this song!

39

Haste Töne?

Aufgabe 12

Dein Lehrer oder deine Lehrerin spielt dir sechsmal zwei Töne nacheinander vor. Entscheide jeweils, ob es sich um eine Tonwiederholung (**Tw**), einen Tonschritt (**Ts**) oder einen Tonsprung (**Tsp**) handelt. Trage zudem die Richtung ein (Pfeile).

1.	2.	3.	4.	5.	6.

Aufgabe 13

Vervollständige die Lücken im Notentext unten nach Gehör. Es fehlen Tonschritte und Tonwiederholungen. Achte auf den Notenwert im letzten Takt (siehe auch S. 37 in deinem Schülerbuch).

Viel Glück und viel Segen

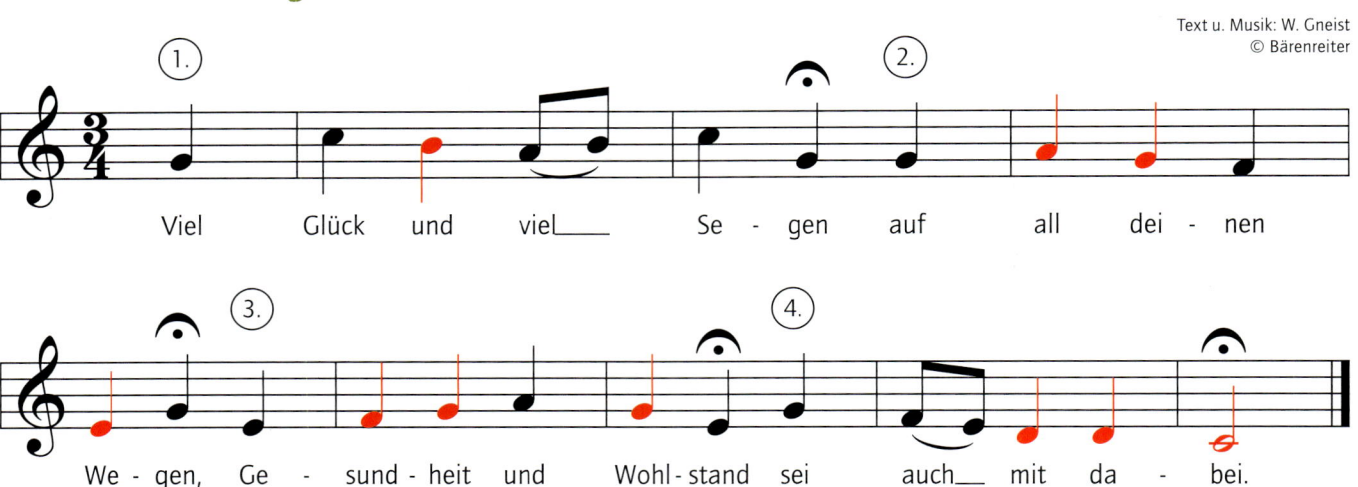

Text u. Musik: W. Gneist
© Bärenreiter

Aufgabe 14

Dein Lehrer oder deine Lehrerin spielt dir sechs kurze Tonfolgen mit den Tönen der C-Dur-Tonleiter vor. Jede Melodie beginnt mit dem Ton *c*. Mit welchem Ton enden sie?

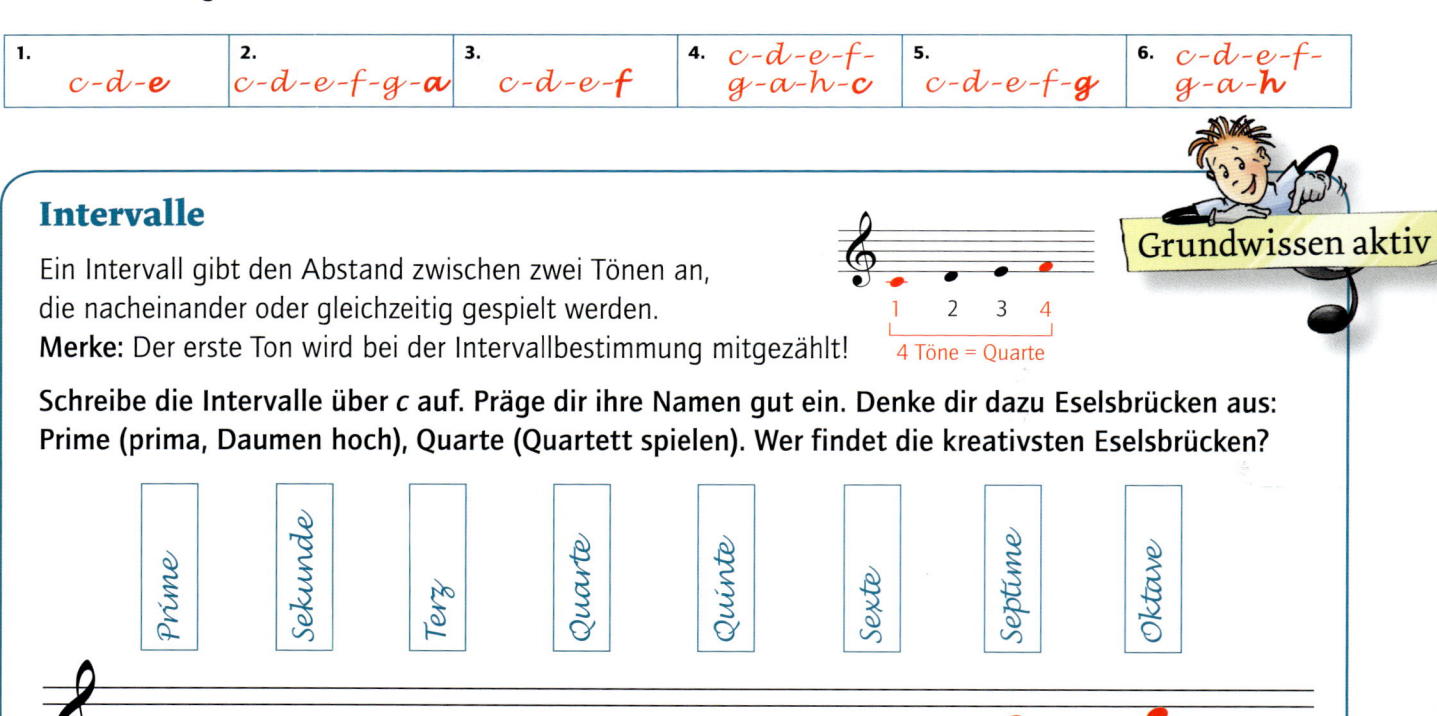

1.	2.	3.	4.	5.	6.
c-d-**e**	c-d-e-f-g-**a**	c-d-e-**f**	c-d-e-f-g-a-h-**c**	c-d-e-f-**g**	c-d-e-f-g-a-**h**

Intervalle

Grundwissen aktiv

Ein Intervall gibt den Abstand zwischen zwei Tönen an, die nacheinander oder gleichzeitig gespielt werden.
Merke: Der erste Ton wird bei der Intervallbestimmung mitgezählt!

4 Töne = Quarte

Schreibe die Intervalle über *c* auf. Präge dir ihre Namen gut ein. Denke dir dazu Eselsbrücken aus: Prime (prima, Daumen hoch), Quarte (Quartett spielen). Wer findet die kreativsten Eselsbrücken?

Prime — Sekunde — Terz — Quarte — Quinte — Sexte — Septime — Oktave

Musiklabor: Intervallspiele

(→ SB, S. 78)

Aufgabe 15

Die folgende Melodie enthält der Reihe nach alle Tonschritte und Sprünge, die man innerhalb einer Oktave machen kann.

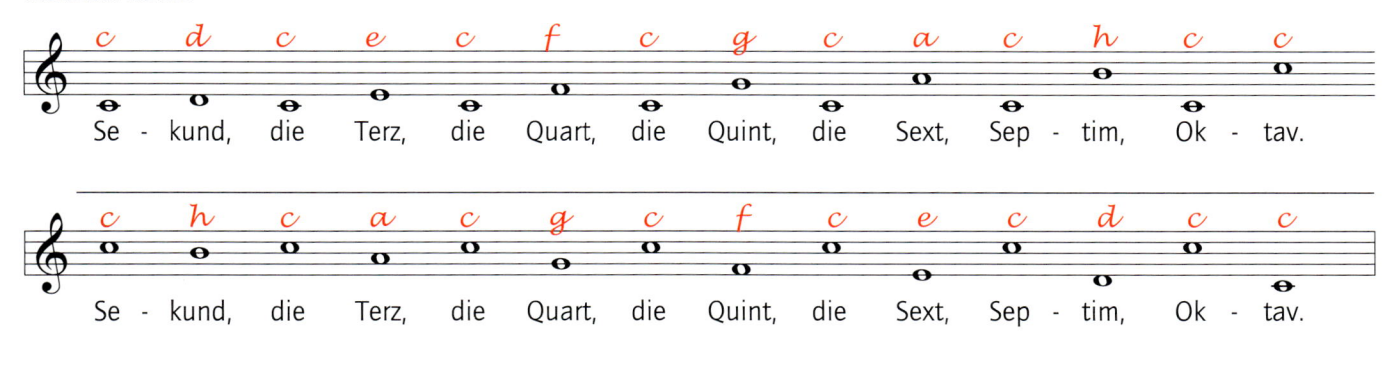

| c d | c e | c f | c g | c a | c h | c c |

Se - kund, die Terz, die Quart, die Quint, die Sext, Sep - tim, Ok - tav.

| c h | c a | c g | c f | c e | c d | c c |

Se - kund, die Terz, die Quart, die Quint, die Sext, Sep - tim, Ok - tav.

a) Trage die Notennamen über den Tönen im Notenbeispiel ein.
b) Singe die Melodie auf Tonnamen bzw. Intervallnamen (= abgedruckter Text) und kontrolliere dich auf einem Instrument.
c) **Gruppenarbeit:** Erfindet eigene lustige Texte. Vergleicht eure Lösungen und wählt die aus, die man am besten singen kann.

Aufgabe 16

a) Notiere die folgenden Intervalle und ergänze die fehlenden Notennamen darunter. Das Lösungswort ist der Titel eines Volksliedes, das ein Getränk beschreibt.

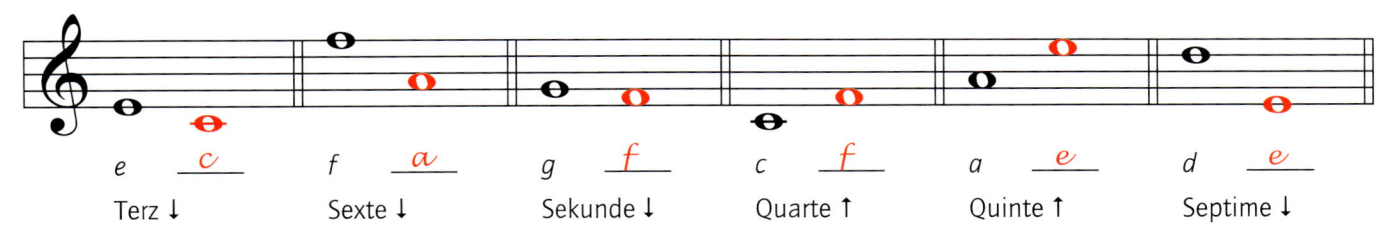

| e _c_ | f _a_ | g _f_ | c _f_ | a _e_ | d _e_ |
| Terz ↓ | Sexte ↓ | Sekunde ↓ | Quarte ↑ | Quinte ↑ | Septime ↓ |

b) Singe die einzelnen Intervalle und begleite dich dabei auf dem Klavier.

Aufgabe 17

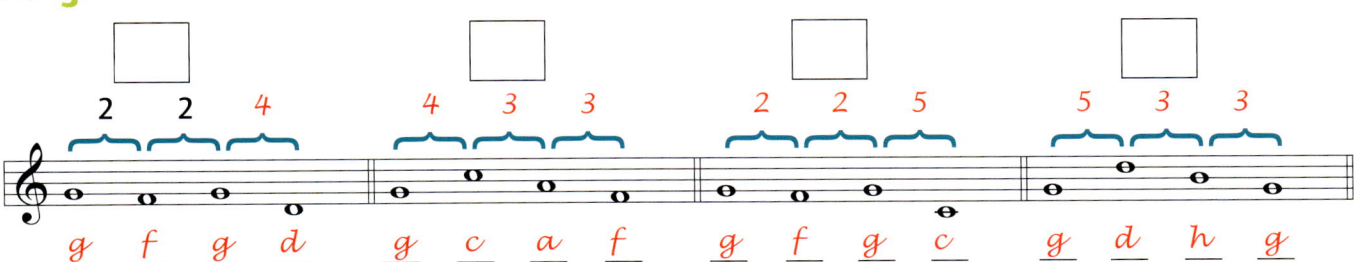

| 2 2 4 | 4 3 3 | 2 2 5 | 5 3 3 |

_g f g d_ | _g c a f_ | _g f g c_ | _g d h g_

a) Ergänze die Notennamen und Intervalle (Sekunde = 2, Terz = 3 usw.).
b) Dein Lehrer oder deine Lehrerin spielt dir nun die vier kurzen Tonfolgen vor. Höre bewusst auf die Intervalle zwischen den Tönen. In welcher Reihenfolge wurden die Tonbeispiele gespielt? Notiere in den Kästchen.

Aufgabe 18

Partnerspiel: Fertigt euch Intervallkärtchen an, indem ihr die Intervallbausteine von S. 78 in eurem Schülerbuch jeweils zweimal auf ein Blatt Papier schreibt und dann ausschneidet. Mischt die Karten, verteilt sie und legt den verdeckten Stapel vor euch. Spielt euch dann abwechselnd das jeweils oberste Intervallkärtchen vor (Klavier, Stabspiel, Flöte oder auch Singen). Kann der andere das Intervall richtig benennen, bekommt er dieses Kärtchen. Wer am Ende die meisten Kärtchen besitzt, gewinnt.

Haste Töne?

Aufgabe 19
(→ SB, S. 78, A 3)

Entschlüsselt die Melodie, indem ihr die Noten (und die Pause) nach den Intervallangaben in das Notensystem übertragt. Um welches Lied handelt es sich? *Ich bin Wolfgang Amadeus* (→ SB, S. 46)

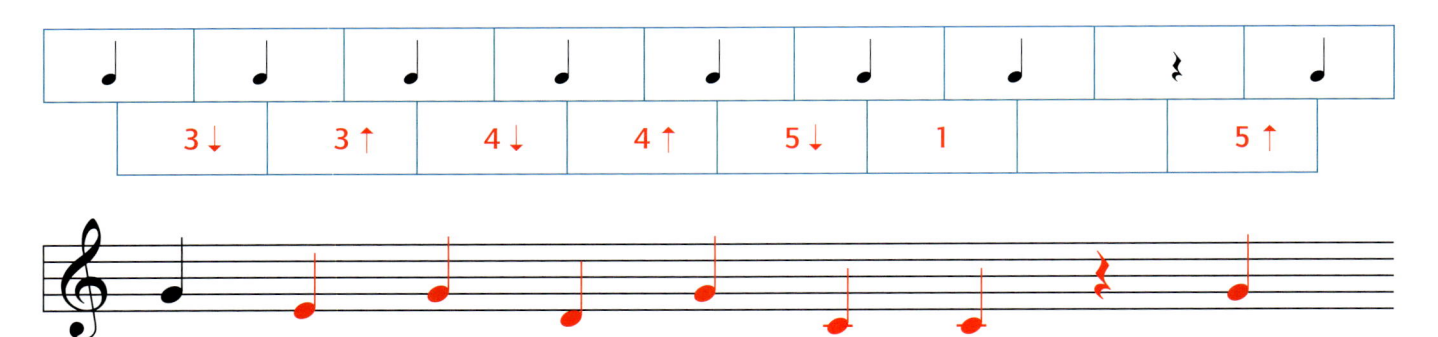

♩	♩	♩	♩	♩	♩	♩	𝄽	♩
	3↓	3↑	4↓	4↑	5↓	1		5↑

Haste keine Töne? – Brauchste Pausen!

Aufgabe 20
(→ SB, S. 79, A 1b)

a) **Partnerarbeit:** Lies den Text deinem Banknachbarn laut vor.
b) Setze dann an sinnvollen Stellen Punkte, Kommas, Doppelpunkte und Gedankenstriche.
c) Lies den Text dann noch einmal vor. Hat sich dein Vortrag verändert?

Mach mal Pause!

Die Pause, das ist wohlbekannt, ist sehr beliebt in Stadt und Land, denn weil, das findet jedermann, man ohne sie nicht leben kann, gibt es 'ne Menge Pausenarten: die Pausen, auf die Schüler warten, die Frühstücks-, Mittags-, Kaffeepause, die Pause auf dem Weg nach Hause – und fangt jetzt bloß nicht an zu lachen – die Pause auch vom Pausemachen, und schließlich gibt's in der Musik 'ne Pause auch in jedem Stück.

Pausen

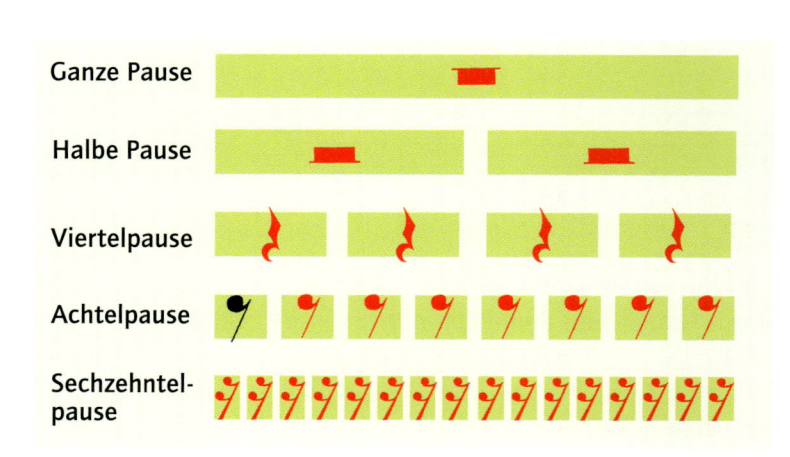

Grundwissen aktiv

Fülle den Lückentext unten aus. Die Informationen auf den Seiten 79 und 80 in deinem Schülerbuch helfen dir dabei. Ergänze dann die fehlenden Pausenwerte in der Pyramide.

Pausen sind wichtige Gestaltungsmittel, die die Musik *gliedern* und *Spannung* erzeugen. Als Pause bezeichnet man in der Musik das *Schweigen* einzelner oder mehrerer Musiker sowie das zugehörige Zeichen. Wenn alle Musiker gleichzeitig *schweigen*, spricht man auch von *Generalpause*. Die Länge der einzelnen *Pausen* entsprechen den zugehörigen *Notenwerten*.

Kapitel 1 2 3 4 5 **6** 7 8 9

Aufgabe 21

Fülle die Lücken in den beiden Rhythmen so mit Pausenzeichen, dass vollständige Takte entstehen.
Sprich anschließend die Rhythmen mit Rhythmussprache und klatsche dazu.

Aufgabe 22

Übertrage alle Notenwerte in Pausen.

[Tipp] Pausen können ebenso punktiert werden wie Notenwerte.

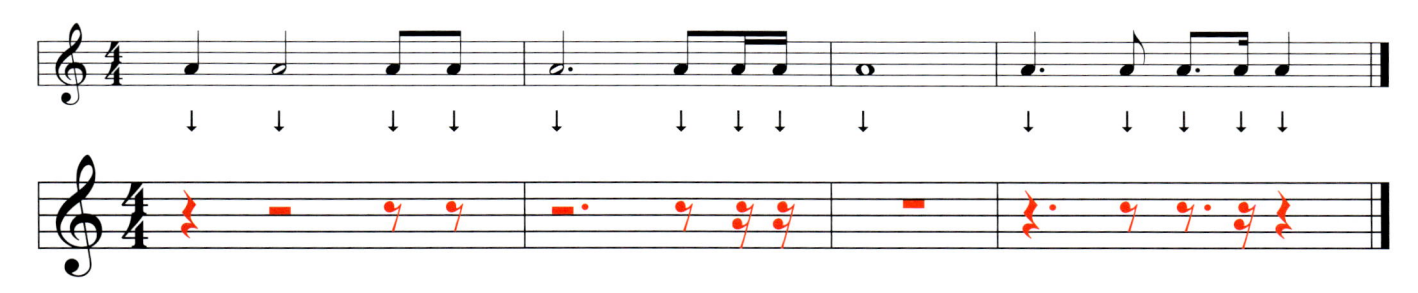

Aufgabe 23 (→ SB, S. 80, A 5)

In die Notenblätter haben Motten Löcher gefressen. Da konnte der Redakteur die fehlenden Noten nur durch Pausen ersetzen. Dein Lehrer oder deine Lehrerin spielt dir zwei Melodien am Klavier vor. Setze statt der Pausen die richtigen Töne ein. Um welche Lieder handelt es sich?

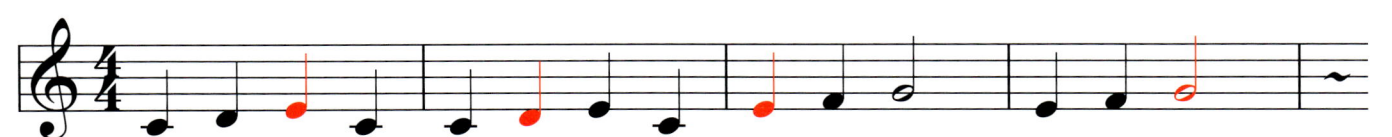

Liedtitel: *Bruder Jakob*

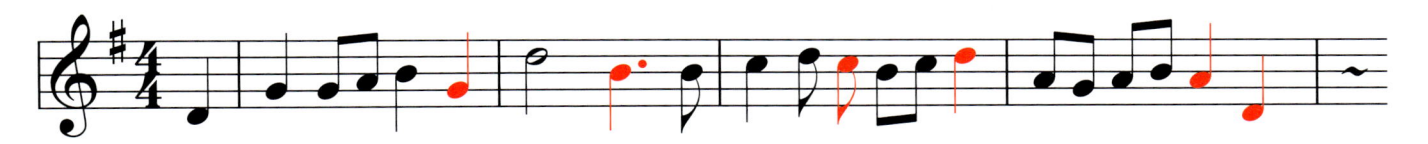

Liedtitel: *M.-A. Charpentier: Te Deum (Eurovisionsmelodie)*

[Das habe ich in diesem Kapitel gelernt]

	Klar kann ich das!	Das gelingt mir meistens.	Das fällt mir noch schwer.
✚ einen Reggae-Song zu texten und eine eigene Melodie zu gestalten			
✚ wie die Stammtöne heißen und wie man sie notiert			
✚ die Klaviatur näher zu beschreiben			
✚ wie Dur-Tonleitern aufgebaut sind			
✚ wie man Intervalle bestimmt, aufschreibt und hörend erkennt			
✚ wie man Pausen ihren Notenwerten zuordnet und notiert			

Musikinstrumente I

Klangerzeugung

(→ SB, S. 86)

Aufgabe 1

a) **Gruppenarbeit:** Sucht verschiedene Materialien des Alltags, die sich zur Klangerzeugung eignen (z. B. Flaschen, Rohre, Pappschachteln, Haushaltsgummis).

b) Wählt in Kleingruppen einen oder mehrere Gegenstände und versucht, mit ihnen Klänge zu erzeugen. Tragt eure Beobachtungen in die Tabelle ein.

Gegenstand	Wie wird der Klang erzeugt?	klangliche Besonderheiten (laut/leise, hell/dumpf, zart/knallig usw.)
z. B. Haushaltsgummi	gezupft	leiser, heller Klang; Tonhöhe ändert sich je nach Spannung
z. B. Flasche	geblasen	luftiger, „hohler", warmer Klang

c) Erklärt euren Mitschülern genau, wie bei eurem Alltagsinstrument der Klang erzeugt wird. Tauscht eure Erfahrungen aus und überlegt, welche unterschiedlichen Möglichkeiten der Klangerzeugung es gibt.

d) Ordnet eure Gegenstände den vier Möglichkeiten der Klangerzeugung von Instrumenten mit Pfeilen zu.

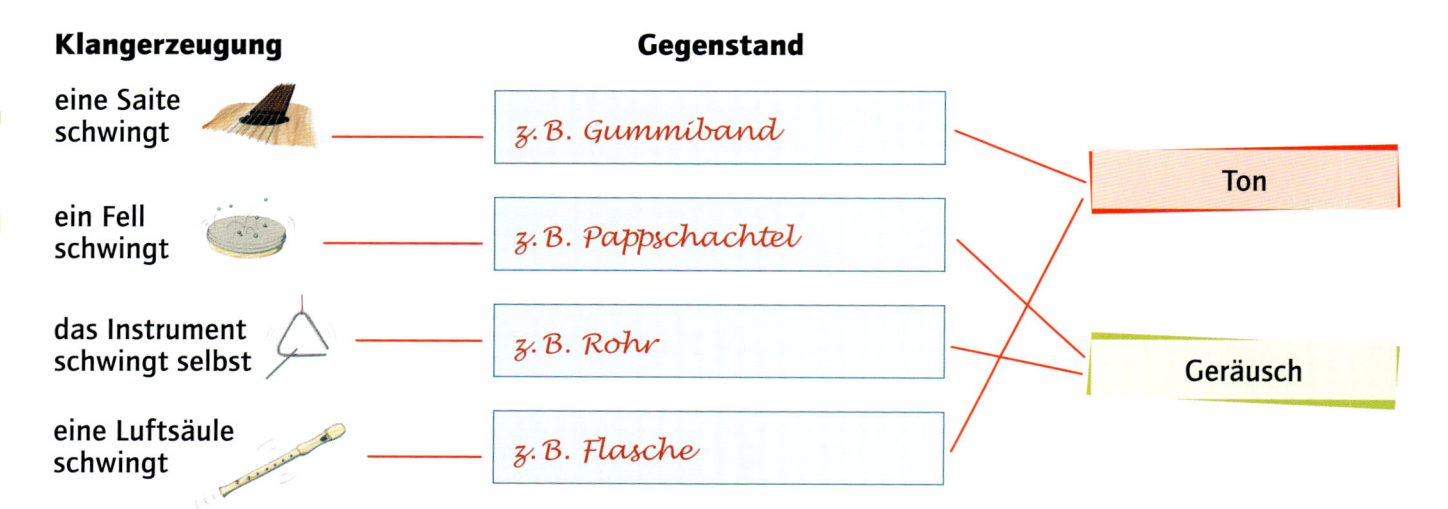

Klangerzeugung — **Gegenstand**

- eine Saite schwingt — z. B. Gummiband
- ein Fell schwingt — z. B. Pappschachtel
- das Instrument schwingt selbst — z. B. Rohr
- eine Luftsäule schwingt — z. B. Flasche

→ **Ton** / **Geräusch**

e) **Gruppenarbeit:** Überlegt, welche der von euch ausprobierten Alltagsgegenstände Töne erzeugen und welche eher Geräusche. Ergänzt das Schaubild entsprechend mit weiteren Pfeilen.

Ton und Geräusch

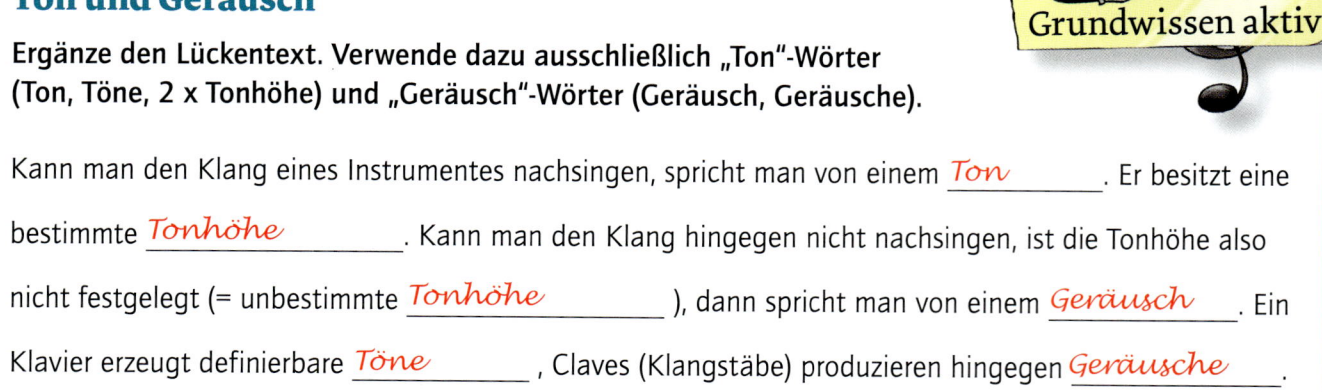

Grundwissen aktiv

Ergänze den Lückentext. Verwende dazu ausschließlich „Ton"-Wörter (Ton, Töne, 2 x Tonhöhe) und „Geräusch"-Wörter (Geräusch, Geräusche).

Kann man den Klang eines Instrumentes nachsingen, spricht man von einem __Ton__. Er besitzt eine bestimmte __Tonhöhe__. Kann man den Klang hingegen nicht nachsingen, ist die Tonhöhe also nicht festgelegt (= unbestimmte __Tonhöhe__), dann spricht man von einem __Geräusch__. Ein Klavier erzeugt definierbare __Töne__, Claves (Klangstäbe) produzieren hingegen __Geräusche__.

Aufgabe 2 (→ SB, S. 86, A 3)

Gruppenarbeit: Sortiert die Instrumente in eurem Musikraum nach ihrer Klangerzeugung und notiert die Ergebnisse in der Tabelle unten. Tragt auch ein, ob das Instrument einen Ton oder ein Geräusch produziert. Wenn ihr euch bei einem Instrument unsicher seid, erprobt es praktisch: Ist ein Nachsingen möglich?

eine Saite schwingt	ein Fell schwingt	das Instrument schwingt selbst	eine Luftsäule schwingt
Gitarre (Ton)	Trommel (Geräusch)	Triangel (Geräusch)	Blockflöte (Ton)
z. B. Violine (Ton)	z. B. Bongos (Geräusch)	z. B. Shaker (Geräusch)	z. B. Oboe (Ton)
z. B. E-Bass (Ton)	z. B. Conga (Ton)	z. B. Cowbell (Geräusch)	z. B. Trompete (Ton)
z. B. Klavier (Ton)	z. B. Pauke (Ton)	z. B. Maracas (Geräusch)	z. B. Klarinette (Ton)

Klangskulpturen bauen (→ SB, S. 87)

Aufgabe 3 *Unser kleines Projekt* (→ SB, S. 87, A 5)

Erfindet in Gruppen eigene Klangskulpturen. Überlegt euch, wie die Töne bzw. Geräusche eurer Skulptur erzeugt werden (Fell, Saite, Luft ...) und wie man darauf spielt (Hand, Schlägel, Mund/Lippen ...). Fertigt eine **Konstruktionszeichnung** an, bevor ihr euer Instrument baut. (Bringt die Materialien von zu Hause mit oder bittet euren Lehrer oder eure Lehrerin um Unterstützung.) Präsentiert euch gegenseitig eure Klangskulptur und fotografiert sie. Das **Foto** könnt ihr auf ein Blatt Papier kleben und hinten abheften.

Konstruktionszeichnung unserer Klangskulptur

Musikinstrumente I

Besuch vom Planeten Kisum (→ SB, S. 88)

Aufgabe 4 (→ SB, S. 88, A 1)

Betrachte die Seiten 88 und 89 in deinem Schülerbuch und höre die Geschichte „Besuch vom Planeten Kisum". Liste in der Tabelle auf, welche Instrumente darin vorkommen. Notiere auch Informationen zu deren Spielweise und besondere Merkmale.

	Instrument	Spielweise	besondere Merkmale
Streichinstrumente	Kontrabass	gestrichen, manchmal gezupft	aus Holz, tiefer Klang, groß, „dicker Bauch"
	Violine (Geige)	klemmt man sich unter den Hals; spielt im Orchester in zwei Gruppen	kann „wunderschöne Melodien" spielen
	Viola (Bratsche)	klemmt man sich unter den Hals	weicherer Klang als die Violine
	Cello	kann man sich nicht unter den Hals klemmen	edelster Klang von allen Streichinstrumenten
Holzblasinstrumente	Querflöte, Piccolo	hält man beim Spielen quer	silbrig glänzendes Rohr, etwa die Länge eines Armes (Querfl.); Holzblasinstrument, weil früher aus Holz gebaut; die Piccolo ist kleiner, kann am höchsten von allen Instrumenten spielen
	Oboe	-	schwarzes Instrument mit dünnem Röhrchen (oben); klare Stimme, näselnd; gibt im Orchester den Ton zum Stimmen an; französischer Name
	Fagott	-	2,5 Meter langes Rohr, unten geknickt; spielt den Bass
	Klarinette	-	erst 300 Jahre alt
Blechblasinstrumente	Trompete	-	strahlendster Klang; Instrument der Könige
	Horn	-	man denkt an Wald und Jagdgesellschaften
	Posaune	mit einem Zug kann man den Ton tiefer machen	kraftvoller, heldenhafter Klang
	Tuba	-	„brummiger Bass"; 6 Meter langes Rohr, gewunden
	Harfe	-	„sehr gepflegte, vornehme Stimme"; 47 Saiten, 7 Pedale
Schlaginstrumente	Pauke	spielt meistens zu zweit	große Metallkessel, mit Kalbfell gespannt
	Große Trommel, Becken	Becken: zwei Metallscheiben werden aneinandergeschlagen	-

Kapitel 1 2 3 4 5 6 **7** 8 9

Die Familie der Streichinstrumente

(→ SB, S. 90)

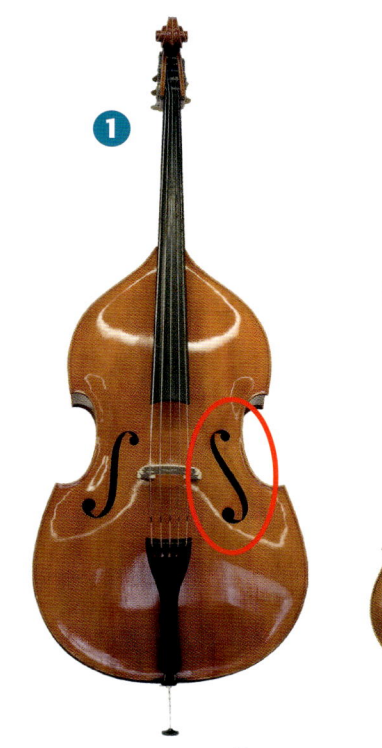

Aufgabe 5

Die Familie der Streichinstrumente besteht aus verschiedenen Instrumenten.

a) In dem Bild haben sich 6 Fehler eingeschlichen. Vergleiche es mit S. 91 in deinem Schülerbuch und kreise die Fehler ein.

b) Beschrifte die Instrumente mit den dir bekannten Bezeichnungen, die zum Teil aus dem Italienischen stammen.

1. *Kontrabass*
2. *Violoncello*
3. *Viola*
4. *Violine*

Aufgabe 6

(→ SB, S. 91, A 4)

Höre mehrmals 5 Tonbeispiele. Ordne ihnen in der ersten Zeile das Streichinstrument bzw. die Streichinstrumente zu, die du hörend erkennen kannst. Trage dann in der zweiten Zeile jeweils die richtige Stilrichtung ein. Die Begriffe zur Auswahl helfen dir dabei.

	Hörbeispiel 1	Hörbeispiel 2	Hörbeispiel 3	Hörbeispiel 4	Hörbeispiel 5
Streich-instrument(e)	*Cello*	*Violine*	*Violine*	*Kontrabass*	*Cello*
Stilrichtung	*Barock*	*Klassik*	*Folk*	*Jazz*	*Heavy Metal*

Stilrichtungen zur Auswahl: Barock – Folk – Heavy Metal – Jazz – Klassik

Aufgabe 7

Die Klangerzeugung bei Streichinstrumenten ist von mehreren Faktoren abhängig. Ergänze die Lücken mit den Lösungswörtern.

Bei den Streichinstrumenten wird ein Klang erzeugt, indem eine Saite durch *Streichen*, Schlagen oder Zupfen in *Vibration* versetzt wird. Wie das Instrument klingt, ist von vielen Faktoren abhängig, wie z. B. *Länge*, Stärke oder Spannung der Saite. Bedeutend für den Klang ist aber auch der *Resonanzkörper* des Instruments, der aufgrund seines Materials – bei den Streichinstrumenten ist es *Holz* – einen wichtigen Einfluss auf die Klangfarbe hat und dem Ton die richtige *Lautstärke* gibt.

Auswahlwörter: Holz – Länge – Lautstärke – Resonanzkörper – Streichen – Vibration

47

Musikinstrumente I

Chefin im Orchester: die Violine

(→ SB, S. 92)

Aufgabe 8

(→ SB, S. 93, A 1)

Trage die fehlenden Begriffe in die Felder ein. Verwende dazu die Auswahlwörter.

> **Auswahlwörter:** ~~Bassbalken~~ – Boden – Decke – Griffbrett – Hals mit Schnecke – Saiten – Saitenhalter – Steg – Stimmstock – Wirbel – Zarge

Linke Beschriftungen: Steg, Saitenhalter, Decke, Zarge, Stimmstock

Rechte Beschriftungen: Wirbel, Hals mit Schnecke, Saiten, Griffbrett, Bassbalken

Unten: Boden

Aufgabe 9

(→ SB, S. 93, A 2)

Seht euch das Video über den Besuch einer Geigenbauschule an und beantwortet dabei folgende Fragen durch Ankreuzen:

a) Wie lange muss das für den Bau einer Violine verwendete Holz gelagert werden?
- ☐ mehrere Tage
- ☐ mehrere Wochen
- ☐ mehrere Monate
- ☒ mehrere Jahrzehnte

b) Welches Holz wird beim Bau einer Violine verwendet?
- ☒ Fichtenholz
- ☐ Buchenholz
- ☒ Ahornholz
- ☒ Ebenholz

c) Welche Löcher werden an der Decke der Violine ausgesägt?
- ☐ C-Löcher
- ☒ F-Löcher
- ☐ G-Löcher
- ☐ B-Löcher

d) Worauf wird das Griffbrett geleimt?
- ☒ auf den Hals
- ☐ auf die Decke
- ☐ auf die Wirbel
- ☐ auf die Zargen

Aufgabe 10

(→ SB, S. 93, A 4)

Hörquiz: Höre 5 Klangbeispiele für unterschiedliche Spieltechniken auf der Violine. Benenne sie mithilfe der Auswahlwörter unten und ordne ihnen dann die jeweils richtige Beschreibung mit Pfeilen zu.

Hörbeispiel	Spieltechnik
1	Glissando
2	Tremolo
3	non legato
4	legato
5	Pizzicato

Beschreibungen:
- gezupfte Saiten
- voneinander getrennte Töne
- „Gleitklang": fließende Veränderung der Tonhöhe
- gebundene Töne
- flimmernder, zitternder Klang

> **Spieltechniken zur Auswahl:** Glissando – legato – non legato – Pizzicato – Tremolo

Ein Instrument für Tastentiger: das Klavier (→ SB, S. 95)

Aufgabe 11 (→ SB, S. 95, A 2)

a) Welche Eigenschaften muss deiner Meinung nach das „ideale Instrument" haben? Überlege dir, was du dir hinsichtlich Lautstärke, Rhythmus, Stimmenzahl, Funktionsweise, Größe usw. wünschst.

- *laut/leise spielen*
- *mehrere Stimmen gleichzeitig spielen*
- *Akkorde spielen*
- *verschiedene Sounds spielen*
- *leicht transportierbar (Gewicht, Größe)*
- *vielseitig einsetzbar (Orchester, Band)*

b) **Gruppenarbeit:** Überprüft an einem Klavier, ob die von euch geforderten Eigenschaften aus Aufgabe a) zutreffen. Macht am Zeilenende jeweils einen Haken ✓ für „trifft zu" oder ein Kreuz ✗ für „trifft nicht zu".

Aufgabe 12 (→ SB, S. 96, A 6/7)

Seht euch die einzelnen Herstellungsschritte in einer Klavierfabrik an und ordnet die Bilder entsprechend zu.

1. Resonanzboden auf Holzbalken montieren
2. Einsetzen des Gussrahmens
3. Saiten spinnen
4. Klavier beziehen (Saiten einbauen)
5. Einsetzen der Mechanik
6. Auswiegen der Tasten
7. Dämpfer einsetzen
8. Stimmen

Musikinstrumente I

Aufgabe 13

Partnerrätsel: Wiederholt die Namen der Stammtöne, indem ihr euch Rätselaufgaben stellt:

a) Lass dir von deinem Partner Töne nennen und spiele sie in der Mittellage auf dem Klavier.
b) Spielt Notenwörter: Fee, Affe, fade, Dach, Chef. Erfindet weitere Notenwörter und spielt sie.
c) Schneidet aus einem Blatt Papier 7 Kärtchen aus und beschriftet sie jeweils mit einem Stammton (Notenschrift). Mischt sie und zieht jeweils zwei Karten. Benennt zunächst die Töne, spielt sie dann auf dem Klavier und bestimmt zuletzt das Intervall. Wer kann die meisten Notenpaare fehlerfrei spielen und benennen?

[**Tipp**] Ihr könnt dieses Spiel auch mit mehreren Kärtchen und mit längeren Tonfolgen spielen.

Aufgabe 14

a) Beschäftigt euch anhand der Multimediapräsentation mit dem Aufbau und der Funktionsweise der Klaviermechanik.
b) Schreibt dann einen kurzen Text darüber, wie die Tonerzeugung beim Klavier vom Druck auf die Taste bis zum Anschlagen der Saite funktioniert.

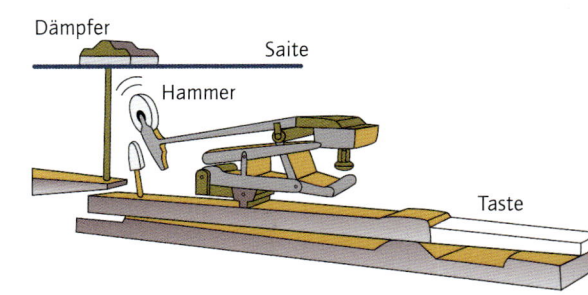

Die Klaviermechanik überträgt die Kraft der Taste auf den Hammer, der die Saiten anschlägt. Die Hämmer bestehen aus einem Holzkern und einem darüber gespannten Filz; sie schlagen die Saiten von unten an. Die Dämpfer werden kurz vor dem Anschlag von den Saiten gehoben. Nach dem Loslassen der Tasten kehren sie in die Ausgangsposition zurück und dämpfen dabei den Ton ab.

[Das habe ich in diesem Kapitel gelernt]

	Klar kann ich das!	Das gelingt mir meistens.	Das fällt mir noch schwer.
✚ verschiedene Möglichkeiten der Klangerzeugung zu beschreiben			
✚ wie man Töne und Geräusche voneinander unterscheidet			
✚ die Instrumente im Musikraum nach ihrer Klangerzeugung zu ordnen			
✚ die Besonderheiten und Spielweisen verschiedener Instrumente des Orchesters wiederzugeben			
✚ Wissenswertes über die Mitglieder der Familie der Streichinstrumente zu berichten			
✚ Streichinstrumente verschiedenen Stilen zuzuordnen			
✚ die Bauweise einer Violine zu beschreiben			
✚ besondere Spieltechniken der Violine hörend zu erkennen und zu beschreiben			
✚ mich auf der Klaviatur zurechtzufinden und einfache Tonfolgen zu spielen			
✚ den Aufbau und die Funktionsweise der Klaviermechanik zu erläutern			

Mit drei Klängen durch die Welt

Alles Harmonie?   (→ SB, S. 100)

Aufgabe 1   (→ SB, S. 100, A 1)

a) Gruppenarbeit: Spielt die drei in eurem Schülerbuch (S. 100) abgebildeten Klangaktionen auf dem Klavier. Beschreibt die unterschiedliche Wirkung der Klänge. Die Auswahlwörter unten und der Workshop „Sprechen über Musik" in eurem Buch (S. 108/109) helfen euch dabei. Findet aber auch eigene Begriffe.

Beispiel A: weit auseinanderliegende Töne	Beispiel B: zwei Terzen übereinander	Beispiel C: viele Sekunden gleichzeitig
spannungsreicher Klang	*wohlklingend*	*Klangtraube („dichter" Klang)*

Auswahlwörter: Klangtraube („dichter" Klang) – wohlklingend – spannungsreicher Klang

b) Dein Lehrer oder deine Lehrerin spielt dir die Klänge A, B und C aus Aufgabe a) noch einmal vor. Ordne sie auf der nebenstehenden Skala ein. Vergleicht eure Ergebnisse: Gibt es Unterschiede in eurer Wahrnehmung?

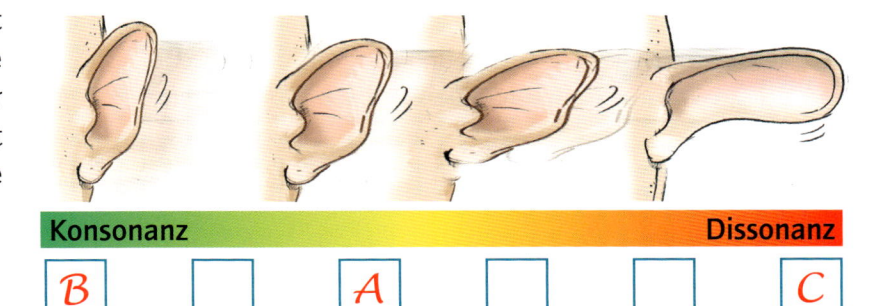

Konsonanz ——————————————— Dissonanz

| B | | A | | | C |

Aufgabe 2

Passen die Töne gut zueinander und klingen sie entspannt bzw. ausgeglichen, so nennt man dies in der Fachsprache „konsonant". Klingen sie eher scharf, sind voller Spannungen und „reiben" sich, sprechen wir von einem „dissonanten" Klang.

a) Gruppenarbeit: Seht euch die Tastenbilder und die notierten Klänge an. Trefft Vorhersagen: konsonant oder dissonant? Überprüft eure Einschätzungen am Klavier.

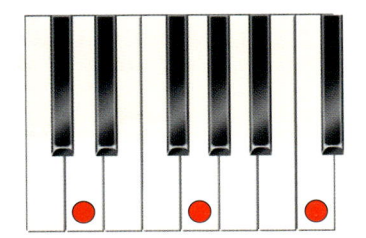

① *eher dissonant*   ② *konsonant*   ③ *konsonant*   ④ *dissonant*

b) Betrachte noch einmal die Klangaktionen in deinem Schülerbuch (S. 100) und deren Klangeinordnungen auf der Skala in Aufgabe 1b). Welche Gesetzmäßigkeiten treffen auf den Bau besonders wohlklingender (konsonanter) Klänge zu? Trage ein: **j** (ja) oder **n** (nein).

| *n* | Die einzelnen Töne liegen weit auseinander. | *n* | Viele Tonschritte werden gleichzeitig gespielt (Cluster). | *j* | Der Klang ist aus Terzen gebaut (Terzenschichtung). |

[Kapitel 8: Mit drei Klängen durch die Welt]

Mit drei Klängen durch die Welt

Aufgabe 3 Unser kleines Projekt

Nicht alles ist Harmonie: In der Musik sind neben konsonanten Klängen auch dissonante wichtig. Mit ihnen kann man interessante Dinge zum Ausdruck bringen, denn sie bringen Abwechslung und Spannung in die Musik.

a) Spielt auf verschiedenen Instrumenten den folgenden Klangverlauf:
- **Beginn:** ruhiger konsonanter Klang – lang ausgehalten.
- Ein dissonanter Klang taucht auf und verschwindet wieder.
- Immer wieder tauchen Dissonanzen auf, die versuchen, die „Wohlklänge" zu stören.
- **Ende:** Der lang ausgehaltene konsonante Klang des Beginns verklingt langsam.

b) Entwerft eine Hörspielszene, die mit der von euch gespielten Musik unterlegt werden könnte. Nehmt das Hörspiel als Feature für euer Schülerradio auf.

Perfekte Harmonie: Dreiklänge (→ SB, S. 101)

Aufgabe 4

Als Dreiklang bezeichnet man eine besondere Zusammenstellung von drei Tönen.

a) Notiere zunächst eine C-Dur-Tonleiter, beginnend mit dem Ton *c*.

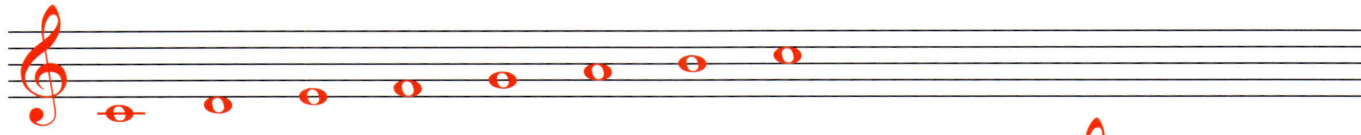

b) Notiere nun den ersten, dritten und fünften Ton der C-Dur-Tonleiter übereinander. Auf diese Weise erhältst du einen Dreiklang über *c* mit den Tönen *c – e – g*:

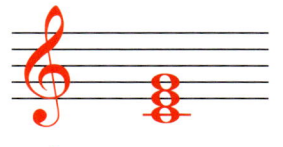

c) Notiere nun den zweiten, vierten und sechsten Ton der C-Dur-Tonleiter:

Benenne den Dreiklang: *Dreiklang über d*

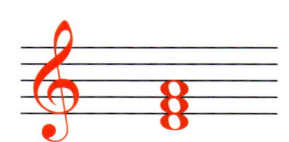

[Tipp] Um einen Dreiklang zu bilden, „überspringt" man immer einen Ton der Tonleiter. Oder anders gesagt: Man setzt zwei Terzen übereinander. Dreiklänge kann man im Notenbild daran erkennen, dass die drei Notenköpfe entweder alle auf einer Notenlinie oder im Zwischenraum liegen und sich berühren.

Dreiklänge

Grundwissen aktiv

Finde die passenden Intervallnamen und füge sie in den Lückentext ein.

Schichtet man drei Töne aufeinander, bezeichnet man dies in der Musik als Dreiklang. Der tiefe Ton wird auch Grundton genannt. Auf ihm errichten wir im Abstand einer *Terz* den mittleren Ton, den wir auch *Terz*ton nennen. Wiederum im Abstand einer *Terz* folgt der obere Ton, der *Quint*ton. Er hat zum Grundton den Abstand einer *Quinte*. Der Dreiklang besteht also aus zwei übereinanderliegenden *Terzen*. Man nennt dies auch *Terzen*schichtung. Der tiefste Ton gibt dem Dreiklang seinen Namen: *c – e – g* ist z. B. der Dreiklang über *c*.

Musiklabor: Dreiklänge

(→ SB, S. 102)

Aufgabe 5

Dein Lehrer oder deine Lehrerin spielt dir 6 Dreiklänge vor. Höre dir jeden Dreiklang genau an und singe den Grundton laut mit. Gelingt dir das, hake den entsprechenden Dreiklang ab.

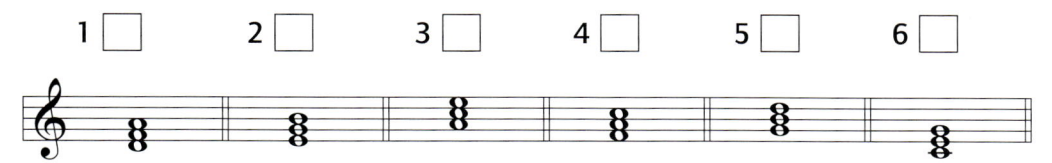

1 ☐   2 ☐   3 ☐   4 ☐   5 ☐   6 ☐

Aufgabe 6

(→ SB, S. 101, A 2)

a) Bilde aus den rechts abgebildeten Stammtönen Dreiklänge. Notiere sie in der leeren Notenzeile.

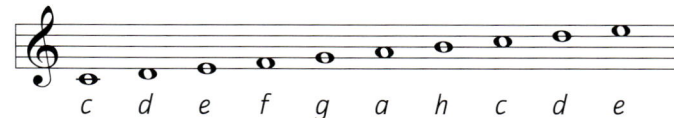

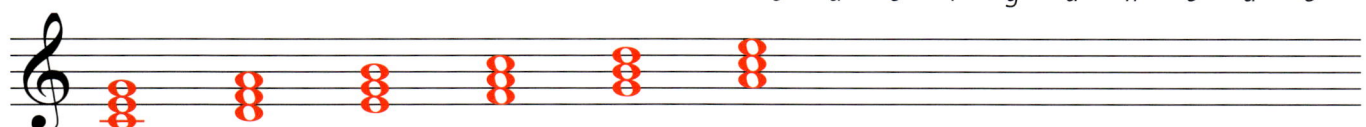

c d e f g a h c d e

b) Spiele die Töne jedes Dreiklangs nacheinander auf einem Stabspiel oder dem Klavier. Sprich die Tonnamen laut mit. Schlage dann die Töne gleichzeitig an und singe den Grundton mit.

Aufgabe 7

a) Singe folgende kleine Melodie zunächst mit Begleitung (Klavier, Stabspiel), dann ohne.

b) **Notendiktat:** Dein Lehrer oder deine Lehrerin spielt dir eine Melodie vor, die nur aus Tönen des C-Dur-Dreiklangs gebildet ist. Notiere die Melodie (nur Viertelnoten).

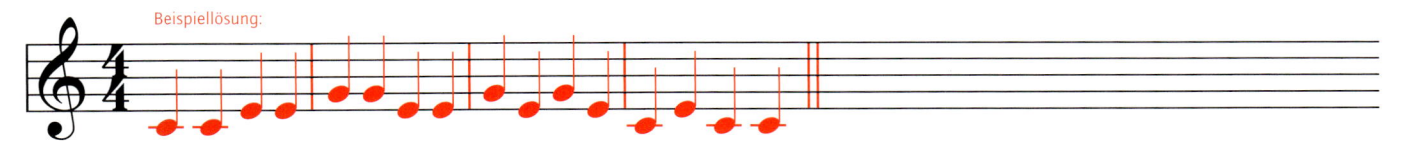

Beispiellösung:

Aufgabe 8

(→ SB, S. 102, A 1b)

Ergänze die folgenden Töne zu ganzen Dreiklängen. Beachte dabei, welcher Ton bereits vorgegeben ist und welche Töne noch ergänzt werden müssen: **1** (Grundton), **3** (Terzton) oder **5** (Quintton).

Mit drei Klängen durch die Welt

Aufgabe 9 (→ SB, S. 102, A 3)

Untersuche die Terz-Bausteine nach gemeinsamen Tönen. Bilde dann aus jeweils zwei Bausteinen, die einen gemeinsamen Ton haben, einen vollständigen Dreiklang. Notiere die entstandenen Dreiklänge.

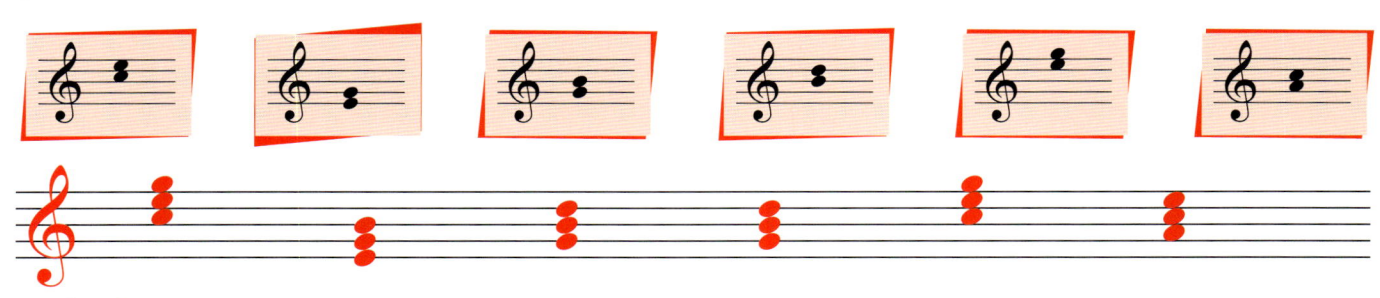

Aufgabe 10 (→ SB, S. 103, A 4)

a) Wähle eine vom Notenwurm angefressene Melodie aus deinem Schülerbuch (S. 103). Ergänze die fehlenden Töne, indem du die Melodie singst oder spielst und dein Ergebnis am Instrument kontrollierst.

b) Notiere die Melodie dann in der leeren Notenzeile.

[Tipp] Der Notenwurm frisst am liebsten Dreiklangstöne!

Aufgabe 11 (→ SB, S. 103, A 5)

a) Suche die Dominosteine heraus, die als Intervall **keine** Terz abbilden. Schreibe die Nummern der aussortierten Dominosteine auf. Welche Intervalle sind abgebildet?

Nr. 3 = Quarte, Nr. 5 = Quarte, Nr. 8 = Quinte, Nr. 11 = Sekunde

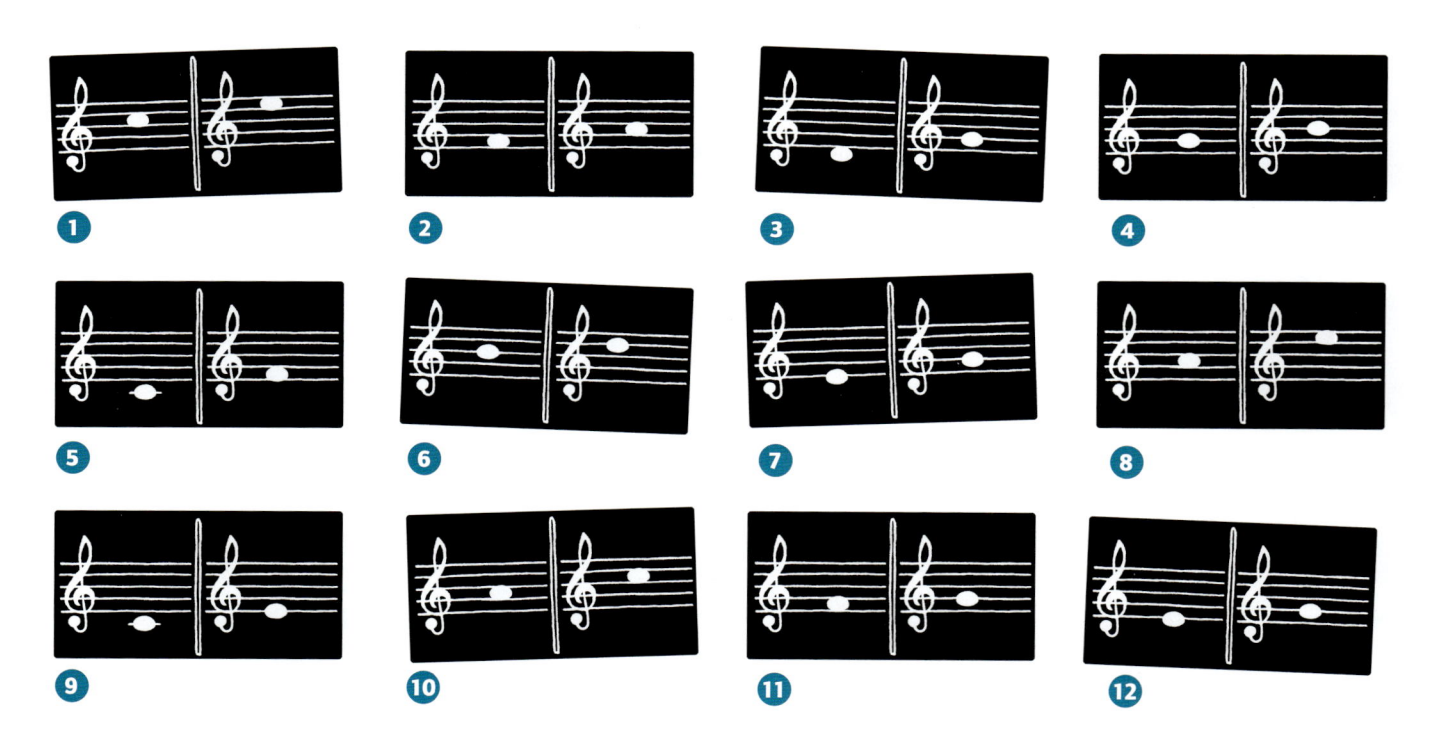

b) Füge die übrigen Dominosteine so zusammen, dass sich Dreiklänge ergeben und notiere sie.

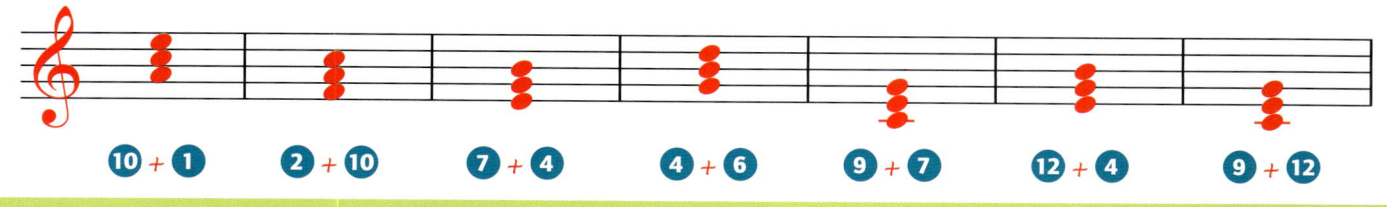

❿ + ❶   ❷ + ❿   ❼ + ❹   ❹ + ❻   ❾ + ❼   ⓬ + ❹   ❾ + ⓬

Kapitel 1 2 3 4 5 6 7 **8** 9

Dreiklangsbaukasten

(→ SB, S. 104)

Aufgabe 12

(→ SB, S. 105, A 2b)

a) Suche die passenden Dreiklangsbausteine zum „Dreiklangs-Calypso" und trage sie in die Notenlinien ein. Markiere die Dreiklänge zusätzlich mit Farben (blau: **C**, rot: **G**, grün: **F**).

b) Schreibe unter jeden Takt den Notennamen auf, der auch der Grundton des Dreiklangs ist.

Dreiklangsbausteine

Dreiklangs-Calypso

Musik: M. Detterbeck, G. Schmidt-Oberländer
© Helbling

C   F   G   C

C   F   G   C   C

[Das habe ich in diesem Kapitel gelernt]

	Klar kann ich das!	Das gelingt mir meistens.	Das fällt mir noch schwer.
➕ die Wirkung unterschiedlicher Klänge genau zu beschreiben			
➕ wie man Dreiklänge bildet und benennt			
➕ die Zusammensetzung von Dreiklängen zu erkennen			
➕ fehlende Töne in einem Lied zu ergänzen			
➕ Dreiklänge selber zusammenzusetzen			
➕ eine Begleitung für den „Dreiklangs-Calypso" zu finden			

55

MusiX Schülerarbeitsheft 1 A – © Helbling

Musik in Form I

Gestaltungsprinzipien: Wiederholung – Veränderung – Kontrast

(→ SB, S. 112)

Aufgabe 1

Wir sind von Wiederholungen umgeben: in der Natur, im Alltagsleben ... überall gibt es Ereignisse, die regelmäßig wiederkehren. Aber Dinge oder Situationen verändern sich auch oder bilden einen Kontrast zum vorher Erlebten.

Ordnet die folgenden Beispiele aus dem Alltag den Elementen **Wiederholung**, **Veränderung** und **Kontrast** zu. Ist eine eindeutige Zuordnung überhaupt möglich? Findet weitere Beispiele.

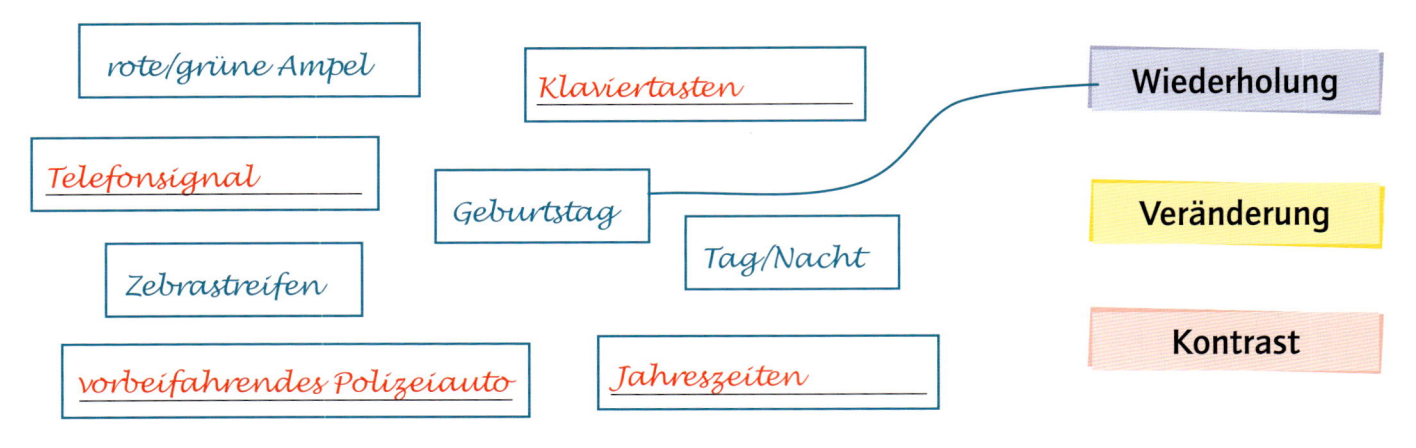

- rote/grüne Ampel
- Klaviertasten → Wiederholung
- Telefonsignal
- Geburtstag
- Zebrastreifen
- Tag/Nacht → Veränderung
- vorbeifahrendes Polizeiauto
- Jahreszeiten → Kontrast

Aufgabe 2 (D 3–5)

(→ SB, S. 112, A3)

Du hörst drei kurze Hörbeispiele.

a) In eurem Schülerbuch auf S. 112 ist bereits für eines der Hörbeispiele eine Verlaufsskizze abgebildet. Für welches? Kreuze an.

☐ Hörbeispiel 1   ☐ Hörbeispiel 2   ☒ Hörbeispiel 3

b) Fertige nun für eines der beiden verbleibenden Hörbeispiele eine Verlaufsskizze an. Verwende Symbole wie auf S. 30 in diesem Heft.

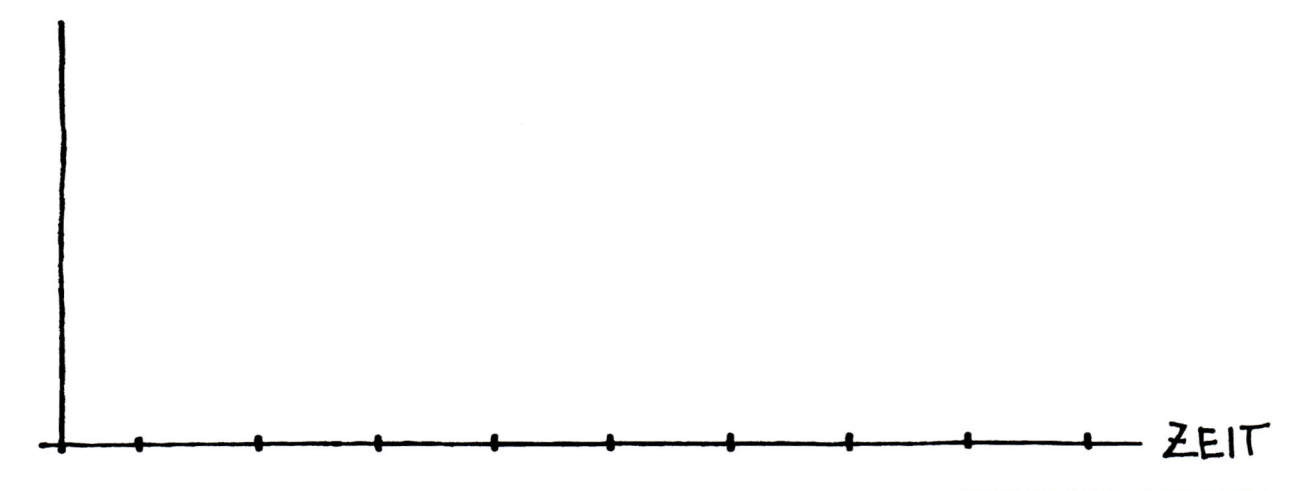

ZEIT

c) Trage in deine Skizze mit verschiedenen Farben ein, wo sich musikalische Elemente **wiederholen**, **verändern**, **kontrastieren**.

d) Erläutere deine Skizze deinem Banknachbarn. Vergleicht dann eure Skizzen: Wo gibt es Gemeinsamkeiten, wo habt ihr unterschiedliche Lösungen gefunden? Bildet die Skizze die jeweilige Musik treffend ab?

Bausteine für Melodien: das Motiv

(→ SB, S. 113)

Aufgabe 3

a) **Gruppenarbeit:** Spielt auf einem Instrument folgenden musikalischen Baustein: ein langer tiefer Ton im Fortissimo, gefolgt von einem leisen, sehr hohen, staccato gespielten Ton.

b) Verändert den Baustein und experimentiert mit den Gestaltungsmöglichkeiten Wiederholung, Veränderung und Kontrast.

c) Stellt das Ergebnis grafisch dar.

Wiederholung		Veränderung		Kontrast	

d) Erfindet nun mit eurem Motiv eine kurze Komposition. Nutzt dazu auf vielfältige Weise die Gestaltungsprinzipien Wiederholung, Veränderung und Kontrast.

Aufgabe 4

(→ SB, S. 113, A 2)

a) Stelle in der Tabelle unten den Aufbau der Melodie von „Kumbaya" (→ SB, S. 113) dar. Färbe die Baustein-Felder wie in deinem Schülerbuch ein. Verwende für deine Eintragungen die unten notierten Begriffe.

[**Tipp**] Der Workshop „Sprechen über Musik" (→ SB, S. 108/109) gibt dir weitere Anregungen zur Beschreibung der Bausteine.

	Beschreibung/kompositorische Mittel
Baustein 1	Dreiklang aufwärts, Baustein endet *auf der 5. Stufe*
Baustein 2	Tonwiederholung, Kontrast zu Baustein 1 durch *langen Notenwert und absteigende Melodie*
Baustein 1	*genaue Wiederholung*
Baustein 2a	*verwandt mit Baustein 2 (gleicher Rhythmus), aber mit Tonschritt abwärts*
Baustein 1	*genaue Wiederholung*
Baustein 2	*genaue Wiederholung*
Baustein 3	*absteigend mit Sekundschritt und Tonsprung (Terz), Kontrast durch neuen Rhythmus*
Baustein 2b	*verwandt mit Baustein 2 (identisch, aber in anderer Lage), endet auf dem Grundton*

einige Begriffe zur Auswahl: absteigend – aufsteigend – Dreiklangsmelodik – Notenwert – Rhythmus – Sekundschritt – Terz – Tonsprung – Tonwiederholung

b) Betrachte Baustein 1 („Kumbaya, my Lord") und seinen Kontrast („Oh, Lord") genauer: Wodurch entsteht die Kontrastwirkung? Kreuze an.

- [x] absteigende statt aufsteigende melodische Linie
- [x] Baustein 1 beginnt mit dem Ton *f* – „Oh, Lord" endet mit dem Ton *f*.
- [ ] Baustein 1 beginnt mit dem Ton *f* und endet mit *c*; beim Kontrast ist dies genau spiegelverkehrt.
- [x] Der Kontrast verzichtet auf die punktierte Rhythmik von Baustein 1.

Musik in Form I

Beethoven: vom Motiv zur Sinfonie (→ SB, S. 114)

Aufgabe 5 (→ SB, S. 114, A 1)

a) Finde das Eingangsmotiv aus Beethovens 5. Sinfonie (= „Schicksalssinfonie") in den Noten und färbe es ein, wo immer du es erkennst. Unterscheide dabei zwischen Originalgestalt (= Wiederholung), Veränderung und Kontrast.

| Motiv/Wiederholung (a) | Veränderung (a') | Kontrast (b) |

b) Beschrifte das Motiv und seine Abwandlungen mit **a**, **a'** bzw. **b**.

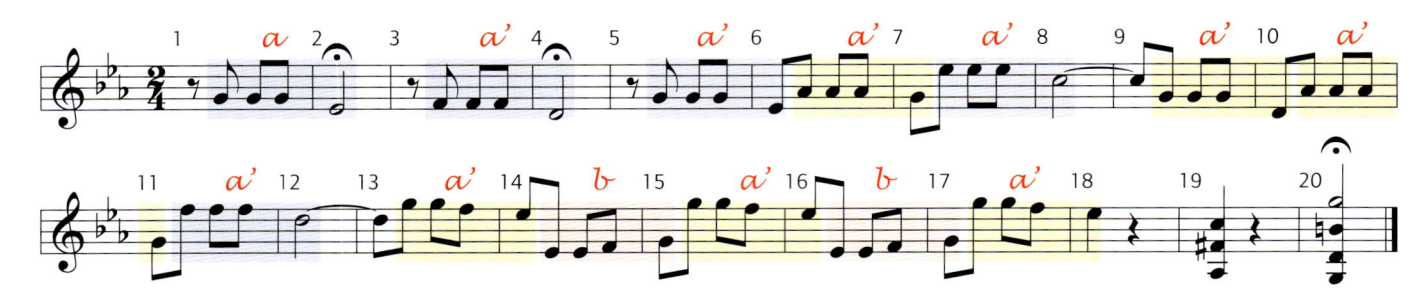

Takte 1–20 mit Beschriftung:
1: a, 2, 3: a', 4, 5: a', 6: a', 7: a', 8, 9: a', 10: a', 11: a', 12, 13: a', 14: b, 15: a', 16: b, 17: a', 18, 19, 20

c) Beschreibe möglichst genau, wie Beethoven das Motiv in Takt 3/4, 5/6 und 13/14 verändert. Welche Gestaltungsprinzipien verwendet er jeweils?

Takt 3/4: *Das Motiv wird um einen Ton nach unten versetzt (Veränderung).*

Takt 5/6: *T. 5: Motiv mit verkürzter letzter Note; T. 6: Motiv mit Tonschritt statt -sprung (Veränderung).*

Takt 13/14: *T. 13: Tonschritt statt -wiederholung (Veränderung); T. 14: Motiv in Gegenbewegung (Kontrast).*

d) Ergänze.
Das berühmte „Schicksalsmotiv" (Ta-ta-ta-taaa) erscheint im obigen Notenausschnitt __13__ Mal in Originalgestalt oder veränderter Form.

Motiv — Grundwissen aktiv

In diesem Text findest du auch Begriffe aus den Kapiteln 2 und 5 wieder. Bringe die vier Sätze mit Nummern in die richtige Reihenfolge.

2 Dieser Baustein besitzt in der Regel eine einprägsame Melodik und Rhythmik. Man kann ihn gut wiedererkennen.

3 Ein Komponist setzt ein musikalisches Werk aus Motiven zusammen, die er wiederholt, verändert oder mit Kontrasten versieht.

1 Der Begriff **Motiv** bezeichnet in der Musik den kleinsten sinnvollen Baustein.

4 Wenn man Motive mit Buchstaben bezeichnet, kann man diese drei kompositorischen Mittel so ausdrücken:

a a = Motiv + Wiederholung   a a' = Motiv + Veränderung   a b = Motiv + Kontrast

Kapitel 1 2 3 4 5 6 7 8 **9**

Baupläne: Satz und Liedformen (→ SB, S. 116)

Aufgabe 6 (→ SB, S. 116, A 2)

a) **Gruppenarbeit:** Nutzt die Multimedia-Anwendung, indem ihr euch die Melodieverläufe genau anhört und mitsingt. Wählt eine der vorgeschlagenen Fortführungen und hört euch das Ergebnis an.

b) Überlegt gemeinsam, welche Voraussetzungen eine Fortführung erfüllen muss, um einen sinnvollen Schluss zu bilden.

[**Tipp**] Spielt die Melodieverläufe und die Fortführungen auf einem Instrument. So bekommt ihr ein noch besseres Gefühl für die Melodieführungen.

Fortführung endet auf dem Grundton, Fortführung greift rhythmische oder melodische Elemente des vorhergehenden Melodieabschnitts auf, beide Teile (vorgegebener Abschnitt und Fortführung) haben gleiche Länge…

c) Wähle ein Beispiel aus und notiere die vollständige Melodie mit der Fortführung, die dir am besten gefällt.

Aufgabe 7

Melodiebausteine von „Now Is the Month of Maying"

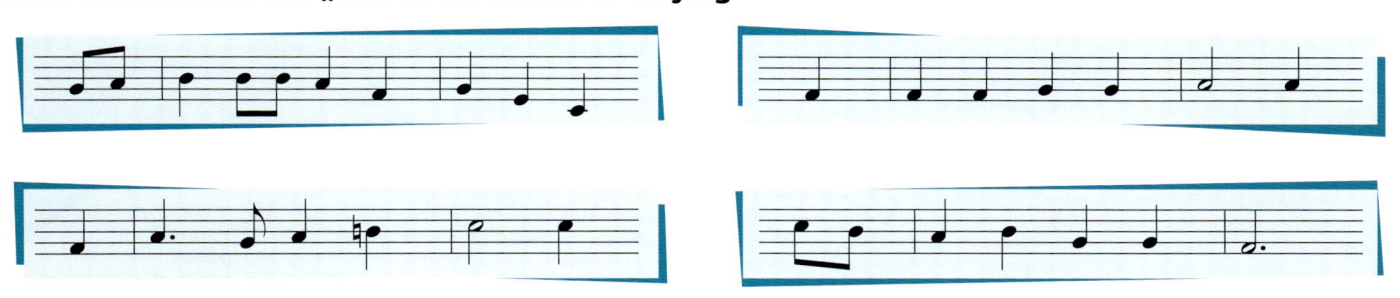

a) Schreibe die 4 Bausteine des Liedes „Now Is the Month of Maying" unten in der richtigen Reihenfolge auf.
b) Singe oder spiele die Melodie und markiere in den Noten Spannungsaufbau, Spannungsabbau und den Höhepunkt der Spannung.
c) Bezeichne zuletzt Phrase 1 und 2 bzw. Vorder- und Nachsatz.

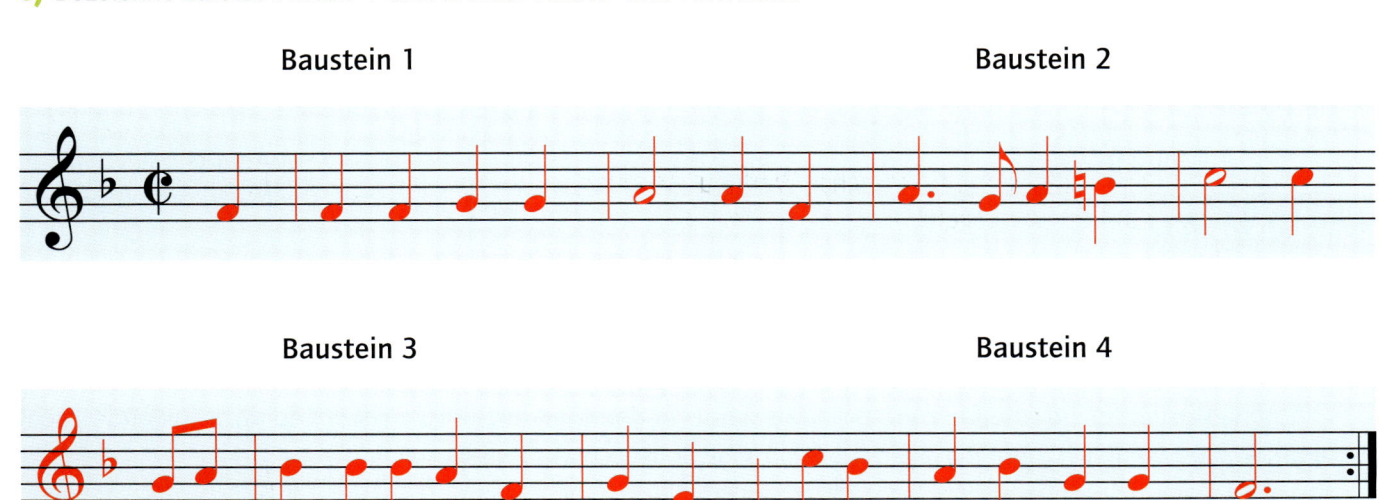

Baustein 1   Baustein 2

Baustein 3   Baustein 4

Musik in Form I

Musikalischer Satz (Periode)

Grundwissen aktiv

Trage die fehlenden Begriffe in den Lückentext ein. Die Auswahlwörter helfen dir dabei.

In Anlehnung an die Sprache bezeichnet man einen in sich geschlossenen Melodieverlauf als _musikalischen Satz_ oder auch als Periode. Meistens besteht er aus zwei gleich langen, sich ergänzenden Teilen (_Phrasen_): Der _Vordersatz_ öffnet die Phrase (_offen_), der _Nachsatz_ schließt mit einem überzeugenden Schluss die Phrase ab (_geschlossen_). Eine Phrase unterteilt sich in einen oder mehrere musikalische Bausteine bzw. _Motive_. Für musikalische Motive ist ein _hoher Wiedererkennungswert_ charakteristisch.

Auswahlwörter: geschlossen – hoher Wiedererkennungswert – Motive – musikalischen Satz – Nachsatz – offen – Phrasen – Vordersatz

Aufgabe 8　　　　　　　　　　　　　　　　　　　　　(→ SB, S. 118, A 6)

Ergänze die Ablaufskizze für das Lied „Sing, Sing, Sing" von Louis Prima (→ SB, S. 118). Bezeichne gleiche Großabschnitte mit gleichen Großbuchstaben; beginne mit **A**. Welche Besetzung spielt im Improvisationsteil?

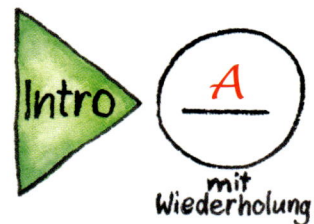

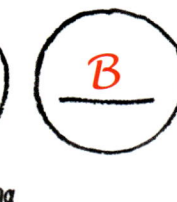

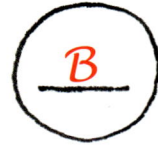

Intro – **A** (mit Wiederholung) – **B** – **A** (ohne Wiederholung) – Improvisation (_zuerst Gesang, dann Posaune_) – **B** – **A** (ohne Wiederholung) – Outro

Ganz vornehm: das Menuett　　　　　　　　　　　　　　(→ SB, S. 120)

Aufgabe 9　　　　　　　　　　　　　　　　　　　　　(→ SB, S. 121, A 2)

a) Höre das Menuett von Johann Sebastian Bach und fertige eine Ablaufskizze an. Kennzeichne Teile, die wiederholt werden mit |:　　:|. Trage auch die Instrumentengruppen ein, die jeweils spielen **(Streicher, Bläser)**.

Menuett		Trio		Menuett	
|: A :|	|: B :|	|: C :|	|: D :|	A	B
Streicher + Bläser	Streicher + Bläser	Streicher	Streicher	Streicher + Bläser	Streicher + Bläser

b) Erläutere, warum im Trio die Besetzung anders ist als in den Menuett-Teilen. Verwende dazu folgende Fachbegriffe: kleinere Besetzung, musikalischer Kontrast, solistisch, Außenteile.

Die kleinere Besetzung (solistisch besetztes Trio) erzeugt einen musikalischen Kontrast zu den Außenteilen. Dadurch wird die Komposition interessanter.

Liedformen, Menuett und Rondo

Trage die Auswahlwörter in den Lückentext ein.

Liedformen
Die Form eines Liedes wird bestimmt durch Anzahl und Abfolge der Liedteile:

A B = *zweiteilige* Liedform, A B A = *dreiteilige* Liedform.

Menuett
Der Aufbau eines **Menuetts** entspricht im Prinzip einer dreiteiligen Liedform **A B A**: Menuett – *Trio* – *Menuett*. Meistens sind Menuett und Trio auch in sich noch zwei- oder dreiteilig, wobei die Unterabschnitte *wiederholt* werden. Die Bezeichnung Trio kommt daher, dass in älteren Menuetten im *Mittelteil* meistens ein solistisches Trio spielte.

Rondo
Ein Rondo ist eine musikalische Form, bei der sich ein *wiederkehrender* Formteil (*Ritornell*) mit anderen Teilen (*Couplets*) abwechselt. Ein *Kettenrondo* sieht beispielsweise so aus: A B A C A D A E A

Begriffe zur Auswahl: Couplets – dreiteilige – Kettenrondo – Menuett – Mittelteil – Ritornell – Trio – wiederholt – wiederkehrender – ~~zweiteilige~~

[Das habe ich in diesem Kapitel gelernt]

	Klar kann ich das!	Das gelingt mir meistens.	Das fällt mir noch schwer.
✚ wie man musikalische Ablaufskizzen anfertigt			
✚ wie musikalische Bausteine (Motive) verändert werden können			
✚ wie Wiederholung, Veränderung und Kontrast als kompositorisches Mittel in der Musik eingesetzt werden können			
✚ den Spannungsverlauf einer Melodie nachzuempfinden			
✚ eine Melodie nach Motiv (Baustein), Phrase, Vordersatz, Nachsatz und Periode (Satz) zu untersuchen			
✚ wie man mit Großbuchstaben (und Formen) musikalische Formverläufe kennzeichnet			
✚ zwei- und dreiteilige Liedformen voneinander zu unterscheiden			
✚ wie ein Menuett genau aufgebaut ist			
✚ aus welchen Formteilen ein Rondo besteht			

Anhang

Musiklehre kurz gefasst

Notenwerte und Pausen   (→ SB, S. 34, 63, 80)

| Ganze | Halbe | Viertel | Achtel | Sechzehntel |

Balken, Fähnchen, Notenhals, Punktierung, Notenkopf

Tonbezeichnungen und Notensystem   (→ SB, S. 73, 81)

Die sieben **Stammtöne** entsprechen den weißen Tasten auf dem Klavier. Um diese Töne aufzuschreiben, verwenden wir ein **Notensystem,** in dem sowohl **Tonhöhen** als auch **Tonlängen** notiert werden können.

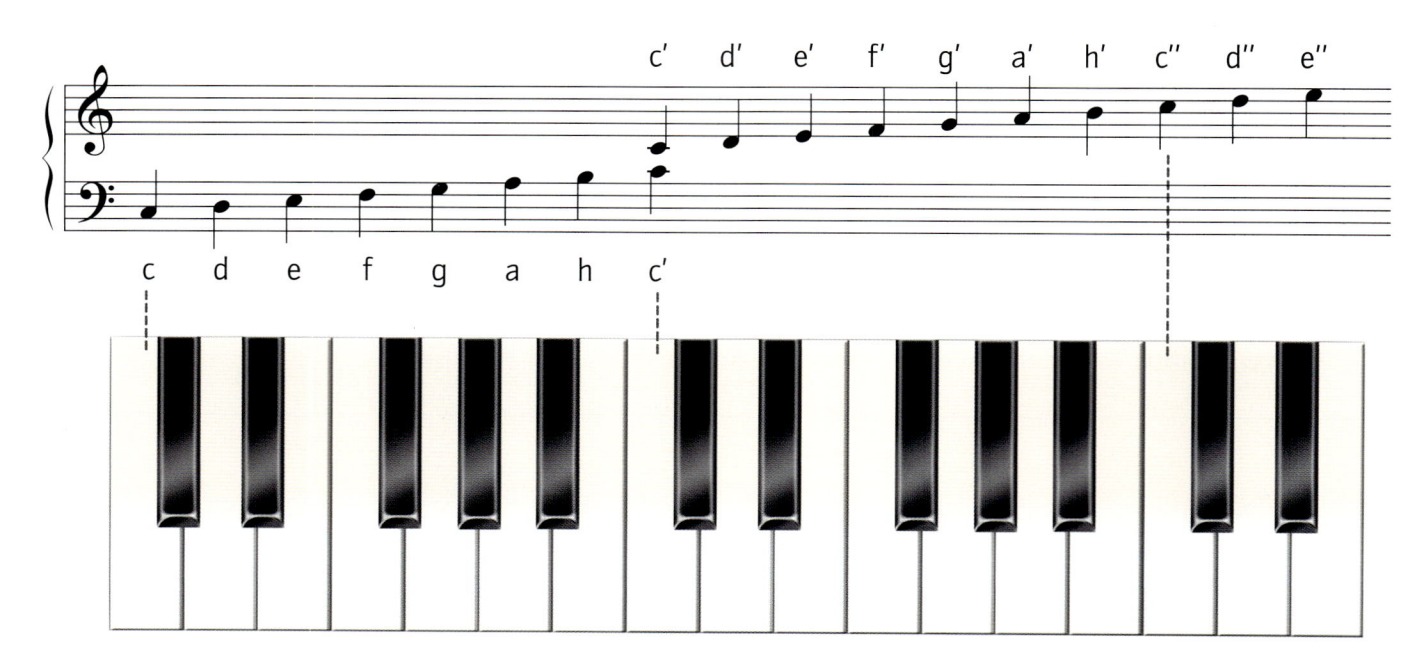

Tonbezeichnungen: c d e f g a h c' d' e' f' g' a' h' c'' d'' e''

Das **Notensystem** umfasst 5 Linien, die von unten nach oben gezählt werden.

Für die Orientierung im Notensystem, die Angabe der **Tonhöhe,** benötigt man einen **Notenschlüssel.** Der **Violinschlüssel** umschließt die Linie, auf der der Ton *g* notiert ist. Er leitet sich aus dem Buchstaben G ab und wird deshalb auch G-Schlüssel genannt.

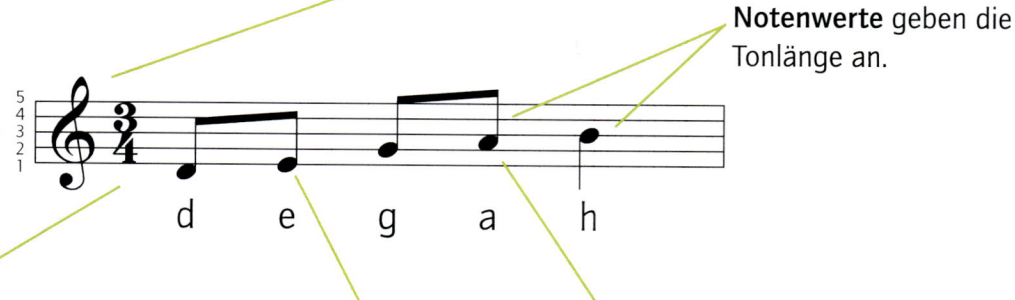

Notenwerte geben die Tonlänge an.

Taktangabe

Noten können entweder **auf einer Linie** oder **zwischen zwei Linien** (Zwischenraum) notiert werden.

Anhang

Dur-Tonleiter (→ SB, S. 75)

Der Name der Tonleiter wird durch den Ton auf der ersten Stufe bestimmt. Spielt man z. B. die sieben Stammtöne beginnend mit *c*, so erklingt die C-Dur-Tonleiter.

Die Dur-Tonleiter ist nach einem bestimmten Muster aufgebaut: Sie besteht aus acht Tönen. Teilt man sie in zwei Hälften, so ergeben sich von der Abfolge der Ganztonschritte und Halbtonschritte her zwei identische Bausteine. Die beiden Bausteine werden durch einen Ganztonschritt verbunden.

Merkspruch zur Dur-Tonleiter:
Zwischen 3 und 4, 7 und 8 wird ein Halbtonschritt gemacht.

Intervalle (→ SB, S. 76 f.)

Ein Intervall gibt den **Abstand zwischen zwei Tönen** an. Die beiden Töne können nacheinander oder gleichzeitig erklingen; der zweite Ton kann höher oder tiefer sein als der erste.

PRIME SEKUNDE TERZ QUARTE QUINTE SEXTE SEPTIME OKTAVE

Dreiklänge (→ SB, S. 101)

Schichtet man drei Töne in Terzen übereinander **(Terzenschichtung)**, bezeichnet man dies in der Musik als **Dreiklang**. Benannt ist der Dreiklang nach dem tiefsten Ton, dem **Grundton**. Der Dreiklang über *c* ist aus den Terzen *c – e* und *e – g* gebildet.

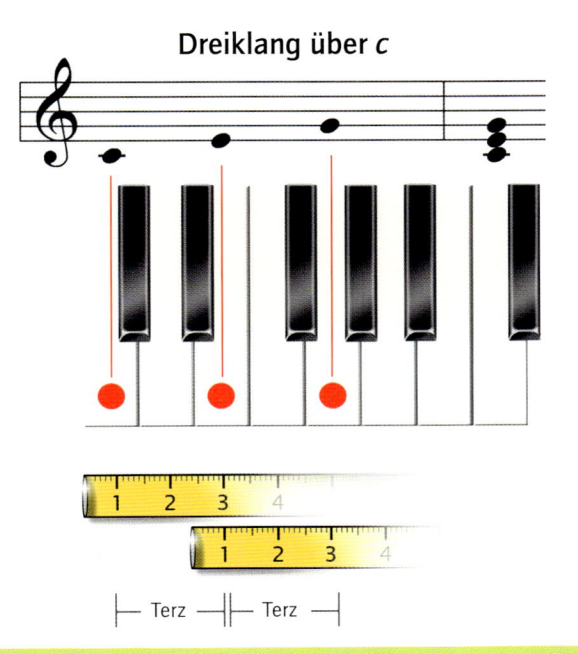

Dreiklang über c

Anhang

Stichwortverzeichnis

Fett gedruckte Seitenangaben verweisen auf Erklärungen in der Rubrik „Grundwissen aktiv".

Achtelnote, -pause **19**, **42**, 62
Akzent **31**
Arie 26
Artikulation **31**
Atemorgan 12 f.
Auftakt **22**

Band 10 f.
Bass-Drum 17
Big Band 10 f.

Chor 10 f.
crescendo **31**

decrescendo **31**
Dissonanz, dissonant 51
Dreierunterteilung 16, 25, 34
Dreiklang **52**, **63**
Drumset 17
Dynamik **31**

Ensemble 10, 11

forte **31**
fortissimo **31**

Ganze Note/Pause **19**, **42**, 62
Ganztonschritt **39**, **63**
Geräusch 44
Grundbeat, -schlag 16, 18, **20**
Grundton **39**, **52**, **63**

Halbe Note/Pause **19**, **42**, 62
Halbtonschritt **39**, **63**
Hi-Hat 17

Intervall **40**, **63**

Jazz-Trio 10

Kehlkopf 12 f.
Klangerzeugung 44, 47
Klangfarbe **6**, 47
Konsonanz, konsonant 51
Kontrast 32, 56 f., **58**

Lautstärke **6**, **31**, 47
legato **31**
Leitton **39**
Liedformen **61**
Luftröhre 12 f.
Lunge 12 f.

Menuett 60, **61**
mezzoforte **31**
mezzopiano **31**
Motiv 32 f., 57, **58**, 60
musikalischer Satz (Periode) **60**

Nachsatz **60**
Nasenhöhle 12 f.
Notensystem **36** f., 62
Notenwerte **19**, **27** f., 33, 62

Oktave **40**, **63**
Orchester 10, 25

Pausenwerte **42**, 62
Pentatonik **36**
Phrase **60**
pianissimo **31**
piano **31**
portato **31**
Prime **40**, **63**
Punktierung **27**, 62

Quarte **40**, **63**
Quartett 10 f.
Quinte **40**, **52**, **63**
Quintett 10

Rachen 12 f.
Resonanzrohr 12 f.
Rondo **61**

Schlagzeug 17
Sechzehntelnote, -pause 33, **42**, 62
Sekunde **40**, **63**
Septime **40**, **63**
Sexte **40**, **63**
Sinfonie 25
Sinfonieorchester 10
Singspiel 26
Snare-Drum 17
staccato **31**
Stammtöne **37**, 38, 62
Stimmlippen 12 f.
Streichquartett 10

Takt **20**, **22**
Taktangabe **20**, 62
Taktart **20**
Taktstrich **22**
Terz **40**, **52**, 54, **63**
Terzenschichtung **52**, **63**
Ton 44
Tondauer, -länge **6**, **36**, 62
Tonhöhe **6**, **36** f., 44, 62
Tonleiter **38** f., **63**
Tonvorrat 38
Trio 10, 60 f.
Triole 25, **28**

Veränderung 32 f., 56 f., **58**
Viertelnote,- pause **19**, **42**, 62
Violinschlüssel **36**, 62
Volltakt **22**
Vordersatz **60**

Wiederholung 32 f., 56 f., **58**

Zunge 12 f.
Zweierunterteilung 16, 34
Zwerchfell 12 f.